우리는
너무
복잡하게
살아왔다

우리는 너무 복잡하게 살아왔다

초판 1쇄 발행 2020년 5월 13일

지은이 샤를 와그너 **옮긴이** 이정은 **펴낸곳** 크레파스북 **펴낸이** 장미옥

기획·정리 박수민 **일러스트** 김영곤 **디자인** 디자인크레파스

출판등록 2017년 8월 23일 제2017-000292호
주소 서울시 마포구 성지길 25-11 오구빌딩 3층
전화 02-701-0633 **팩스** 02-717-2285 **이메일** crepas_book@naver.com
인스타그램 www.instagram.com/crepas_book
페이스북 www.facebook.com/crepasbook
네이버포스트 post.naver.com/crepas_book

ISBN 979-11-89586-12-6 (03180) 정가 15,000원
© Charles Wagner, 2020

이 도서의 국립중앙도서관 출판예정도서목록(CIP)은 서지정보유통지원시스템 홈페이지(http://seoji.nl.go.kr)와
국가자료종합목록 구축시스템(http://kolis-net.nl.go.kr)에서 이용하실 수 있습니다. (CIP제어번호 : CIP2020016488)

우리는 너무 복잡하게 살아왔다

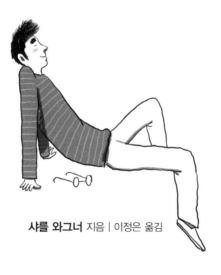

샤를 와그너 지음 | 이정은 옮김

크레파스북

지금 내게는 단순함이 필요하다

고열로 쇠약해져 목이 타는 환자는 시원한 개울에 풍덩 뛰어들거나 맑은 샘물을 들이켜는 꿈을 꾼다. 마찬가지로 오늘날 복잡한 세상을 살아가느라 중심을 잡지 못하고 지친 우리는 단순함을 꿈꾼다.

날로 복잡해져만 가는 지금, 단순함은 거추장스러운 개념일까? 나는 그렇게 생각하지 않는다. 단순함이 몇몇 시대의 특별한 상황에만 연결되는 것이라면, 이것을 오늘날 다시 이루려는 생각은 포기해야 할 것이다. 세차게 물결치는 혼탁한 강물을 오리나무가 우거진 고요한 계곡으로 되돌릴 수 없듯이, 문명을 처음으로 되돌릴 수는 없으므로.

단순함은 어떤 특정한 경제 사회적 조건에 달린 것이 아니다. 서로 다른 여러 부류의 삶에 활력을 불어넣고 삶을 변화시키는 것은 우리 자신이다. 우리는 무기력하게 아쉬워하면서 주어진 삶을 살아갈 수밖에 없는 존재가 아니라, 스스로 삶을 결정하고 삶에 에너지를 쏟아 부을 수 있다.

단순한 삶에 대한 갈망, 이것이야말로 고귀한 운명을 이루기 위해 우리가 간절히 원하는 일이다. 보다 큰 정의와 빛을 향해 가는 인류의 모든 움직임은 단순한 삶으로 향해 가는 여정이다.

예술, 문화, 사상에서 보이는 옛 시대의 단순함이 우리에게 더없이 소중한 이유는, 그 안에서 본질적인 감정과 영원한 진실이 강렬하게 드러나기 때문이다. 이 단순함을 사랑하고 소중하게 간직해야 한다. 그러나 겉으로 보이는 단순함에만 치중하고 그 정신을 이루려 하지 않는다면 가야 할 길의 백분의 일밖에 가지 못한 것이다.

우리는 이전 세대와 똑같은 모습으로 단순하게 살 수는 없지만, 그와 같은 정신으로 단순하게 살거나 다시 단순해질 수 있다. 서로 다른 길을 가더라도 인류의 목적은 근본적으로 같다. 돛단배를 탔거나 증기선을 탔거나 뱃사람은 항상 북극성을 지표로 삼는다.

우리가 지닌 수단을 가지고 단순함이라는 목표를 향해 가는 것이야말로 예나 지금이나 가장 중요한 일이다. 우리 삶이 뒤죽박죽 복잡해지는 것은 우리가 지표에서 벗어났기 때문이다.

　내가 단순함이라는 이 정신적인 개념을 여러분에게 전하는 데 성공한다면 내 노력은 헛되지 않을 것이다. 어떤 독자는 단순함이라는 개념이 관습과 교육에 스며들어야 한다고 생각할 것이다. 이들은 마음속에서부터 단순함을 키우면서 우리가 올바르게 사는 것을 막는 습관들을 버릴 것이다.

　우리는 거추장스러운 것들 때문에 마음에 열정과 활력을 불어넣는 진실함으로부터 멀어진다. 이 무성한 잡풀은 우리 자신과 행복을 지켜준다는 명목으로 우리에게 향하는 빛을 가리고 만다. 우리를 혼란스럽게 하는 유혹에 맞서서 이를 반박하고 좀 더 나다운 삶으로 나아가야 한다.

예전에 쓴 표현이 식상해지고 글을 다시 손봐야 하는 지금, 이 책이 탄생한 배경과 거쳐 온 길에 관한 몇 가지 사실을 짚고 넘어가면 좋으리라 생각한다.

파리의 출판인 아르망 콜랭은 한 결혼식에서 '단순한 삶'을 가정생활에 적용하는 것에 대한 연설을 듣고, 그다음 날 내게 편지를 썼다.

"'단순한 삶'에 관한 책을 한 권 써 주십시오. 이보다 더 시사적이고 요긴한 책은 없을 겁니다."

그렇게 6개월 후에 책이 출간되었다.

언론평과 독자 반응이 좋았다. 독자들은 서로에게 친구를 소개해주듯 이 책을 추천하며 친근하고 확실한 광고를 해주었다. 책은 금세 소리 없이 널리 퍼져 유럽 각지에서 번역되었다. 1901년에는 마리루이즈 헨디가 뉴욕의 매클루어 출판사를 위해 이 책을 우아한 영문으로 번역했고, 미국의 저명한 소설가 그레이스 킹이 그 책에 멋진 서문을 써 주었다.

이 책이 미국에서 좋은 반응을 얻기 시작하던 때, 루스벨트 대통령이 이 책을 읽고 큰 감명을 받았다. 그는 내게 편지를 써서 "나는 당신의 책을 우리 국민에게 권하고 있습니다"라고 전했다. 대통령은 뱅고어와 필라델피아에서 한 연설 중에 미국인에게 이 책을 읽으라고 권했다. 더구나 그는 1904년 11월 22일 워싱턴 라파예트스퀘어 대극장에서 열린 행사에 나를 초청했고, 다음과 같이 연설을 시작하며 청중에게 직접 나를 소개했다.

"대통령으로서 제가 여러분에게 연사를 직접 소개하는 일은 이번이 처음이자 유일할 것입니다. 지금 이렇게 하게 되어 무척 기쁩니다. 온 국민이 큰 관심을 두고 읽었으면 하는 책 한 권을 꼽는다면 바로 와그너 씨가 쓴 이 책이기 때문입니다. 그가 쓴 다른 책에서도 많은 것을 얻을 수 있겠지만, 최근 몇 년 동안 우리나라나 다른 나라에서 쓰인 책들 가운데 이만큼 우리 미국인이 읽어야 할 책은 없다고 생각합니다."

최근에 미국으로 여행 갈 기회가 있었는데, 그때 미국인들이 대통령의 충고를 얼마나 잘 따랐는지 알 수 있었다.

가정, 대학, 회사를 비롯해 각계각층의 독자들이 이 책을 읽기 시작했다. 신문들은 이 책을 연재했고, 설교사들은 이 책에서 영감을 받아 연설했으며, 삽화가들은 이 책을 토대로 풍자화를 그렸다. 이 책의 염가판이 출간되어 서점들마다 독자들이 찾고 있었다.

이 모든 현상은 이 책이 시기적절하게 출간되어, 혼란하고 복잡한 이 시대에 단순함을 절실히 원하는 사람들의 요구에 부응한다는 증거일 것이다. 번역판이 크게 성공하자 그 영향이 자연스럽게 프랑스에도 이어져, 프랑스 판본이 새로운 힘을 얻었다.

이 책이 널리 전파되어 많은 사람들이 복잡함에 내몰려 정작 잊고 있던 가장 중요한 문제, 무엇을 위해 살고 어떻게 살 것인가 하는 문제에 주의를 기울이기를 바란다. 지금 이 책을 펼친 여러분 역시 더없이 중요한 이 문제를 깊이 생각해보고, 삶의 행복과 살아가는 힘, 아름다운 삶은 복잡하고 요란스러운 것이 아니라 단순함에서 나온다는 사실을 깨닫기를 기대한다.

CONTENTS

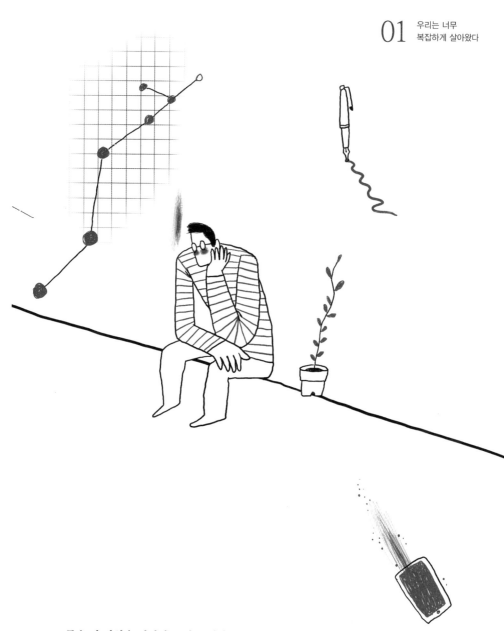

그들은 이 사실을 절실히 느끼고 있다. 온갖 행사와 의무, 허례허식 때문에
사랑을 양보해야 했다. 삶에서 이토록 중요한 시기에 온갖 부수적인 일에만
신경쓰느라 가장 중요한 것에 집중할 수 없었고, 그 때문에 괴로웠다.

더 좋아졌는데
왜 더 혼란스러울까

목적지로 가려면 샛길로 빠져 길을 잃거나 불필요한 짐 때문에 방해를 받으
면 안 된다. 가야 할 방향과 자신이 현재 있는 위치를 잘 살펴야 하며, 앞으로
나아간다는 가장 중요한 일을 더욱 잘하기 위해 짐을 줄여야 한다.

도대체 뭐가 문제일까

블랑샤르 씨 가족은 정신이 없는데, 그럴 만도 했다. 딸이 다음 주 화요일에 결혼식을 올리는데 오늘이 금요일이었다.

결혼 선물을 가지고 찾아온 방문객과 주문한 물건을 가져온 배달부들이 줄을 이었다. 집안의 하인들은 분주하기 짝이 없다. 예비 신랑 신부와 부모는 초조해서 죽을 지경이고 집에 제대로 붙어 있을 새도 없었다. 낮에는 의상실이나 실내장식 가게, 가구점, 보석상, 아니면 페인트공과 목수들이 일하고 있는 신혼집에 가 있다가, 거기에서 나와 공증인 사무소에 들러 서기가 서류 더미에 파묻혀 등본을 작성하는 모습을 바라보며 차례를 기다렸다. 그런 다음 간신히 잠깐 집에 들러 몸단장을 하고 각종 자리, 그러니까 약혼식, 가족 소개나 계약서 서명을 겸한 저녁 만찬, 연회, 무도회에 참석했다.

자정에 이르러 기진맥진한 채로 집에 돌아오면 새로 배달

더 좋아졌는데 왜 더 혼란스러울까

된 물건과 편지들이 산더미처럼 쌓여 있었다. 축하와 인사 편지, 들러리를 설 친구들의 허락이나 거절 편지, 주문한 물건이 늦어질 거라며 사과하는 업자들의 편지였다. 그러다 막판에 예상하지 못한 문제도 생겼다. 갑자기 누가 죽어서 결혼식에 참석할 수 없다거나, 오르간 연주에 맞춰 노래를 불러 주기로 한 친구가 지독한 감기 때문에 오지 못한다는 것이었다. 처음부터 다시 준비할 수밖에 없었다. 모든 것을 다 준비해 두었다고 생각했는데, 이러다간 결혼식 날까지도 준비를 마치지 못할 것이다.

그들은 한 달 내내 이렇게 살았다. 숨 쉴 겨를도 없이, 단 한 시간도 차분히 생각하며 조용히 이야기를 나누지 못했다. 기분 좋아야 할 때였지만 이것은 정말이지 사는 게 아니었다.

다행히도 집안에는 할머니가 계셨다. 여든이 다 되신 할머니는 평생 열심히 일하시느라 고생을 많이 하셨다. 그리고 이제는 고결한 지성과 애정을 지닌 사람이 그렇듯 삶에 대한 조용한 확신으로 매사를 바라보고 있었다. 할머니는 하루의 대부분을 자기 방의 안락의자에 앉아 보내며 몇 시간이고 조용히 생각에 잠겨 있는 것을 좋아한다. 그래서인지 정신없이 몰아치는 집 안의 폭풍우도 할머니의 방문 앞에서는 공손히 멎는다. 이 은신처의 문턱에서 목소리는 차분해지고 발걸음은 조용해진다.

예비 신랑 신부가 잠깐 숨을 돌리려고 할머니의 방으로 도망쳐 왔을 때, 할머니는 이렇게 말씀하셨다.

"가엾기도 해라.

어쩌 그리 안달복달이냐?

조금 쉬면서 둘이 서로 챙겨 주면 좋으련만.

그게 제일 중요해. 나머지는 별것 아니야.

그렇게 정신을 빼앗길 가치가 없단다."

두 젊은이는 이 사실을 절실히 느끼고 있다. 지난 몇 주 동안 온갖 행사와 의무, 허례허식 때문에 몇 번이나 서로의 사랑을 양보해야 했다. 이들은 삶에서 이토록 중요한 시기에 온갖 부수적인 일에만 신경쓰느라 가장 중요한 단 하나에 집중할 수 없었고, 그 때문에 괴로웠다. 그래서 할머니가 자신들을 보듬고 미소 지으며 하는 말에 기꺼이 동의했다.

"애들아, 정말이지 세상이 너무 복잡해졌구나.

그런데 이 모든 게

사람을 더 행복하게 해주지는 않는단다.

오히려 그 반대지."

정말 행복하다고 할 수 있겠니

나는 할머니의 말에 전적으로 동의한다. 사람은 요람에서 무덤까지, 기본적인 욕구를 채울 때나 단순히 즐길 때나, 세상이나 자기 자신을 생각할 때, 한없이 복잡한 상황 한복판에서 몸부림친다.

이제는 무엇 하나 단순하지 않다.
생각하고, 행동하고, 즐기고, 심지어 죽는 것마저도.
우리는 우리 손으로 삶에 무수한 어려움을 더했고
몇몇 즐거움을 없앴다.

지금 이 시간에도 많은 사람들이 허울뿐인 삶을 계속 살아가며 고통받고 있을 것이 틀림없다. 이들은 내가 자신이 느끼던 불편함을 대신 말하고, 막연히 단순함을 바라던 그들의 마음이 옳다고 동조하는 데 고마워할 것이다.

삶이 복잡한 것은 우리가 다양하고 많은 물질적인 것을 필요로 하기 때문이다. 지금 보편적인 현상 중 하나는 자원과 더불어 욕구도 늘어났다는 사실이다. 이것은 그 자체로 나쁘지는 않다. 어떤 욕구가 생기는 것은 진보라고 할 수 있다. 몸을 씻고, 깨끗한 옷을 입고, 위생적인 집에서 살며, 적절히 갖춘 음식을 먹고, 정신을 드높이려는 욕구를 느끼는 것은 발전하고 있다는 표시다.

느껴야 마땅하고 바람직한 욕구도 있지만, 해로운 영향을 끼치고 우리가 원하지 않아도 기생충처럼 살아남는 욕구도 있다. 내가 걱정하는 것은 이 욕구가 많고 억제하기 힘들다는 사실이다.

만일 우리 조상들이 언젠가 인류가 지금처럼 물질적 삶을 누리고 유지할 여러 도구를 지닐 줄 알았다면, 그들은 그 결과로 사람들이 더 자유롭고 행복해질 것이며, 재물을 두고 경쟁하는 일이 줄어들 거라고 결론 내렸을 것이다. 나아가 더욱 완벽해진 도구들 덕분에 삶이 간편하고 편리해져 인류가 더 높은 도덕성을 갖추리라 예견했을 것이다.

이런 일은 전혀 일어나지 않았다. 행복도, 사회 평화도, 선을 위한 에너지도 전혀 늘어나지 않았다. 요즘 사람들이 그들보다 삶에 더욱 만족하며 미래를 더 확신한다고 생각하는가? 그럴 만한 이유가 있는지 묻는 것이 아니라 실제로 그런지를 묻는 것이다.

사람들이 살아가는 것을 보면, 대체로 자기 삶에 만족하지 못하고, 특히 물질적 필요에 신경을 쓰면서 미래에 대한 걱정에 사로잡혀 있는 것 같다. 예전보다 더 잘 먹고, 더 잘 입고, 더 좋은 집에서 살면서 오히려 음식과 주거 문제는 더없이 격해졌다.

"무엇을 먹고, 무엇을 마시고, 무엇을 입을까? 그리고 무엇을 해야 할까?" 이 질문이 먹을 것이나 집 없이 하루하루 불안하게 살아가는 가난한 이들에게만 문제된다고 믿는 것은 잘못된 생각이다. 이런 질문은 가난한 이들에게 당연하고, 이런 사람에게 가장 절실하게 제기된다. 오히려 조금 여유롭게 살기 시작한 사람들을 보면, 자기가 가진 것에 대한 만족감이 가지지 못한 것에 대한 애석함 때문에 얼마나 혼탁해지는지 분명하게 알 수 있다.

미래에 대한 돈 걱정이 어떤 식으로 얼마나 심해질 수 있는지 보고 싶다면 넉넉한 사람, 특히 부유한 사람들을 살펴보라. 어떻게 차려입을지 가장 고심하는 사람은 원피스가 한 벌밖에 없는 것이 아니고, 내일 무엇을 먹을지 가장 많이 생각하는 사람은 최소한의 식량만으로 살아가는 이들이 아니다. 주어지는 만족감이 클수록 욕구도 커지고, 많이 가질수록 더 많은 것을 필요로 한다.

일반적으로 보았을 때 미래가 확실하게 보장된 사람일수록 자신과 자녀가 무엇을 해서 먹고살지, 후손이 어떻게 하면 잘 자리 잡을지 더욱 걱정한다. 안정된 지위를 확보한 사람이 느끼는 두려움이 얼마나 크고 깊은지 결코 상상할 수 없으리라.

그래서 서로 다른 사회 계층에서 형편에 따라 서로 다른 정도로 욕구가 충족되었어도 만족하지 못하는, 응석받이 아이의 마음과 같은 매우 복잡한 상황이 생겨났다.

더 좋아졌는데 왜 더 혼란스러울까

우리는 더 행복해지지 않았을 뿐 아니라 더 평화롭고 서로 친밀해지지도 않았다. 응석받이 아이들은 자주 집요하게 다툰다. 사람은 많은 것을 필요로 하고 원할수록 다른 사람과 갈등을 빚을 일이 많아지는데, 이 갈등은 이유가 정당하지 못한 만큼 더욱 증오에 차 있다. 필수적인 것, 가령 먹을 빵을 두고 서로 다투는 것은 자연스러운 현상이다. 이것이 야만스럽게 보일 수는 있으나, 혹독한 현실 때문이기에 이런 잔인함은 정당화되고 당연스레 여겨진다.

그런데 그 이상의 것을 얻기 위한 다툼, 야망이나 특권, 변덕, 물질적 쾌락 때문에 생기는 다툼은 전혀 다르다. 인간이 허기를 채우려고 야망과 탐욕, 비열한 행동을 하는 일은 절대로 없다. 이기주의는 세련될수록 더 해롭다. 그래서 사람들 사이의 적대감은 점점 더 심해졌고, 우리 마음은 더없이 혼란스러워졌다.

이런 상황에서 우리가 더 나은 사람이 되었는지 묻는 것이 무슨 소용일까. 선함은 자신이 아닌 다른 무언가를 사랑할 수 있는 능력에 있지 않은가. 물질에 대한 걱정, 허황된 욕구, 야심과 원한, 일시적인 욕망을 충족하는 데 몰두하는 삶에서 이웃을 위한 자리가 얼마나 남아 있을까.

자기 욕구에 몰두하다 보면
욕구는 점점 더 크고 많아져
결국 자신보다 욕구가 강해진다.
이런 욕구의 노예가 되면 정의와 도덕심을 잃으며,
선과 악을 판별하지 못하고,
온전한 삶으로 나아갈 수 없다.

욕망 때문에 내적인 무질서에 빠지고, 이로써 결국 외적으로도 무질서해진다. 정의롭고 도덕적인 삶이 스스로 자신을 다스리는 것이라면, 부도덕함은 욕구에 삶을 지배당하는 것이다. 이로써 도덕적인 삶의 기초가 서서히 흔들리고, 판단 기준은 어긋난다.

욕구의 노예가 되면 소유하는 것을 가장 좋은 것으로 생각하고 모든 행복의 원천으로 여긴다. 소유하기 위한 집요한 경쟁에서 소유한 사람을 증오하고, 소유권이 내가 아닌 다른 사람에게 있으면 그것을 부인하기에 이른다. 남이 가진 것을 집요하게 공격한다는 것은 소유하는 것을 얼마나 중요하게 여기는지 보여주는 증거다.

인간관계와 대상은 결국 그 금전적 가치와 거기에서 취할 수 있는 이득에 따라 평가되고 만다. 이득을 가져오지 못하는 것은 전부 아무런 가치가 없고, 아무것도 소유하지 못한 사람은 누구든 가치가 없다. 정직한 가난은 부끄러운 것으로 간주하고, 심지어 부정한 돈이라도 쉽게 미덕으로 여겨진다.

"그렇다면 당신은 근대에 이룬 발전을 전부 나쁘다고 비난하면서, 금욕주의로 우리를 되돌려 놓고 싶은 겁니까?"

내게 이렇게 반박할지 모른다. 전혀 그렇지 않다. 과거로 회귀하려는 것은 헛되고 위험한 이상주의다. 제대로 살려면 현실에서 물러나서는 안 된다. 나는 다만 모두의 발전과 성숙을 막는 오류 중 하나를 드러내 보임으로써 단순한 삶으로 나아가고자 하는 것뿐이다.

이 오류는 외적인 안락함이 늘어날수록 더 행복하고 나아진다는 생각이다. 이것만큼 잘못된 생각은 없다. 견제할 힘도 없이 주어지는 물질적인 안락함 때문에 행복해지는 능력이 줄어들고 인격이 타락한다는 사실은 수없이 확인할 수 있다. 문명은 그 중심에 자리 잡은 우리가 지닌 가치만큼 가치 있다. 우리가 도덕적으로 방향을 잃으면 아무리 발전하고 편리해져도 해악이 심해지고 사회 문제가 더 복잡하게 얽힐 뿐이다.

우리가 정말 버리고 챙겨야 할 것

물질적인 안락함 때문에 행복해지는 능력이 줄어들고 인격이 타락한다는 사실은 물질적 안락 이외의 다른 영역에서도 확인할 수 있다. 이 중에서 교육과 자유에 대해서 말해 보겠다.

사람들이 예언자의 말을 귀 기울여 듣던 시대에, 예언자들은 악한 세상을 신들의 거처로 바꾸려면 서로 연결된 오래된 세 가지 힘, 즉 빈곤, 무지, 독재를 제거하기만 하면 된다고 했다. 오늘날 다른 예언자들이 나타나 똑같은 말을 하고 있다. 빈곤이 확실히 줄었지만 우리가 더 나아지거나 더 행복해지지도 않았다는 사실은 앞서 살펴보았다.

그러면 교육에 힘써 무지를 벗어난 결과로 우리 삶이 어느 정도 나아졌다고 할 수 있을까? 지금으로서는 그렇게 보이지 않고, 그래서 국민교육에 헌신하는 사람들이 근심하고 불안해한다. 그렇다면 국민을 어리석게 하고, 일반 교육과정을 폐지

하고, 학교 문을 닫아야 할까? 결코 그렇지 않다. 교육도 우리 문명의 모든 조직과 마찬가지로 단지 하나의 도구일 뿐이다. 모든 것은 그것을 사용하는 이들에게 달렸다.

자유도 마찬가지다. 자유는 어떻게 사용하느냐에 따라

해로울 수도 있고 유익할 수도 있다. 범죄자나 변덕스럽고 무례한 말썽꾼이 지닌 자유도 여전히 자유일까? 자유는 더 높고 고결한 삶의 공기층이라서, 서서히 끈기 있게 이루어지는 내적인 변화를 거쳐서야 비로소 들이마실 수 있다.

모든 삶에는 원칙이 필요하고, 그것은 하등 생물보다 우리 삶에 더욱 필요하다. 동식물의 삶이 우리에게 절실하지만, 그럼에도 사람이나 사회적 존재로써의 삶은 동식물의 삶보다 더 귀하고 섬세하기 때문이다. 이는 애초에는 우리에게 외적인 법이지만, 내적인 마음의 원칙이 될 수 있다.

우리는 이 원칙을 알아보고 마음으로 받아들이는 순간, 자발적으로 그에 순응하고, 존중하게 되면서 자유를 누릴 준비가 된다.

강력하고 절대적인 마음이 온전히 서지 않으면 우리는 자유의 공기를 마실 수 없다. 준비되지 않은 사람이 자유의 공기를 마시면 도취하고 겁에 질려 정신적으로 죽고 만다. 내적인 원칙에 따라 행동하는 사람은 외적인 권위에서 나오는 법만으로는 살아갈 수 없다. 다 자란 새가 알 속에 갇혀 살 수 없듯이. 반면 아직 자신을 다스릴 도덕적 지점에 이르지 못한 사람은 보호하는 알껍데기를 빼앗긴 배자처럼 자유의 원칙 안에서 살아갈 수 없다.

이는 너무나 단순한 사실이고, 예로부터 지금까지 이 사실에 대한 증거는 수없이 많았다. 그런데도 우리는 이토록 중요한 것에 대한 기초도 제대로 알지 못한다. 우리 사회에서 국민이 스스로 통치하는 데 필요한 이 진리를 얼마나 많은 사람들이 때로는 힘겨운 상황을 감내하며 확인하고 체득했는가.

자유는 존중이다.
자유는 내적인 원칙에 순종하는 것으로,
이는 권력을 지닌 자의 기분에 달린 것이 아니고
대중의 변덕에 달린 것도 아닌,
보다 높은 규칙으로,
명령하는 자가 먼저 그 앞에서 머리를 숙인다.

자유를 없애야 한다고 말하는가? 아니다. 우리 자신을 자유에 걸맞은 존재로, 자유를 누릴 자격이 있도록 키워야 한다. 그렇지 않으면 공공의 삶은 불가능해지고, 방종해지며, 규율이 없는 국가는 복잡하게 뒤얽힌 우민 정치로 치달을 것이다.

나아가고 싶다면 짐부터 줄여야

사회생활을 혼란스럽고 복잡하게 하는 것은 많은데, 제각기 뭐라고 하더라도 모두 하나의 보편적인 이유로 모인다. 부수적인 것을 핵심적인 것과 혼동하는 것이다. 안락함, 교육, 자유, 문명은 그림의 액자로, 액자가 그림은 아니다. 수도복이 수도승은 아니고, 군복이 군인은 아닌 것처럼 말이다. 여기에서 그림은 사람이다. 가장 내밀한 것들, 양심, 성격, 의지를 지닌 사람이다. 그런데 액자를 정성껏 가꾸고 꾸미느라 정작 그림은 소홀히 하다 그 존재마저 잊어버리고 결국에는 훼손하기도 한다.

　우리는 외적인 조건은 풍족하게 갖추고 있지만 정신적인 삶은 가난하다. 우리는 부득이하면 없이도 살 수 있을 물질은 충분히 갖고 있지만, 필요한 단 한 가지에서는 무한히 가난하다. 그래서 마음속 심오한 존재가 깨어나 자신의 운명을 희망하고 사랑하려 할 때, 그 존재는 산더미처럼 쌓인 부수적인 것들에 짓눌려 숨이 막힌다.

진정한 삶을 되찾으려면, 모든 것을 제자리에 놓아 그 영예를 되살리고, 인류가 발전하는 핵심인 도덕심을 드높여야 함을 명심해야 한다.

좋은 등불이란 무엇인가?
가장 화려하게 장식된 등불도,
가장 잘 조각된 등불도,
가장 귀한 금속으로 만든 등불도 아니다.
잘 비추는 것이 가장 좋은 등불이다.

마찬가지로 우리는 지닌 재산이나 물건의 많고 적음, 지적이고 예술적인 교양, 영예나 독립성이 아니라 견고한 도덕적 소양을 통해 비로소 사람이자 시민이 된다. 그리고 이것은 오늘만의 진실이 아니라 모든 시대를 관통하는 진실이다.

그 어느 시대에도 인류가 근면함이나 지식으로 이룬 외적인 조건 덕분에 내적인 삶이 어떤지 근심하지 않아도 된 적은 없었다. 세상의 모습은 바뀌고, 삶의 지적이고 물질적인 요인도 변한다. 가끔은 급작스럽게 벌어져 위험하기까지 한 이러한 변화에는 그 무엇도 맞설 수 없다. 무엇보다 중요한 것은, 바뀐 상황에서도 사람은 사람으로 남아 자기 삶을 살고 저마다 자기 목표를 향해 걸어가야 한다는 사실이다.

갈 길이 어디더라도 여행자가 목적지를 향해 가려면 샛길로 빠져 길을 잃거나 불필요한 짐 때문에 방해를 받으면 안 된다. 여행자는 가야 할 방향과 자신이 현재 있는 위치를 잘 살펴야 하며, 앞으로 나아간다는 가장 중요한 일을 더욱 잘하기 위해 희생을 조금 감수하더라도 짐을 줄여야 한다.

단순함이 특정한 모습이나 취향, 습성을 지니지 않는다고 말하는 것은 아니
다. 단순함으로부터 빌려왔을지 모를 겉모습을 단순함과 착각해서는 안 된
다. 단순함은 내적 마음가짐으로, 우리를 움직이게 하는 의도에서 나온다.

나와 타인의 삶, 사회를 세심하게 살펴보라. 무언가 결함이 있고 삐걱거리고 문제가 생기고 질서가 없는가? 단순함이 마음속에 깊이 파고들면 무질서는 사라지며, 단순함의 지속적인 영향으로 판단과 습관에 변화가 생긴다.

우리는 단순함의 힘을 무시해 왔다

단순함으로 되돌아간다는 것이 실제로 무엇을 뜻하는지 설명하기 전에, 단순함이 무엇인지 살필 필요가 있다. 왜냐하면 이 단순함에 대해서도 앞서 지적한 잘못, 즉 부수적인 것과 핵심적인 것을 혼동하고, 형식과 본질을 혼동하는 잘못을 저지르기 때문이다.

우리는 단순함에 쉽게 알아볼 수 있는 외적인 특징이 있으며, 단순함이 곧 그 특징이라고 믿으려 한다. 단순함과 검소한 삶, 수수한 옷차림, 호화스럽지 않은 집, 궁색함, 가난, 이런 것들은 모두 함께 가는 것처럼 보인다. 그러나 그렇지 않다.

길을 가다가 세 사람을 만났는데, 한 명은 마차와 수행원을 동원했고, 다른 한 명은 걸어서, 세 번째 사람은 맨발로 걸어가고 있었다. 여기에서 마지막 사람이 반드시 가장 단순한 사람은 아니다. 실제로는 마차를 타고 가는 사람이 넉넉한 형

단순하다고 소홀한 것은 아니다

편에도 불구하고 가장 단순한 사람이며 자신이 지닌 부의 노예가 아닐 수 있다. 마찬가지로 신발을 신고 걸어가는 사람이 마차를 타고 가는 사람을 부러워하지 않고 신발 없이 걸어가는 사람을 무시하지 않을지 모른다. 그리고 초라한 옷차림과 더러운 맨발을 한 사람이 단순함과 노동, 검소함을 증오하면서 손쉬운 삶과 쾌락, 무위도식만 꿈꿀지도 모른다.

상습적인 걸인이나 사기꾼, 빌붙어 사는 사람, 아첨하는 무리, 이 세상의 행복한 사람들이 먹는 것 가운데 한 조각, 가능하면 가장 큰 조각을 낚아채는 것을 가장 큰 소원으로 여기는 이들은 가장 단순하지 않은 사람에 속한다. 그리고 이 부류에는 사회 계층에 상관없이 야심가, 교활한 사람, 나약한 사람, 구두쇠, 교만한 사람, 지나치게 치장한 사람이 포함된다.

겉모습으로는 전혀 알 수 없다. 마음을 봐야 한다. 누군가가 어느 특정한 계층에 속한다고 단순한 사람이라고 장담할 수 없으며, 아무리 검소해 보이는 옷을 입었어도 그것이 단순함의 증거가 될 수는 없다. 단순한 사람이 반드시 지붕 밑 다락방이나 허름한 집, 금욕주의자의 독방, 가난한 어부의 고깃배에서 사는 것도 아니다. 삶의 다양한 모습 뒤에 낮거나 높은 사회계층에 단순한 사람과 그렇지 않은 사람이 있다.

단순함이 그 어떤 외적인 표시로도 드러나지 않으며 특정한 모습이나 취향, 습성을 지니지 않는다고 말하는 것은 아니다. 단순함으로부터 빌려왔을지 모를 겉모습을 단순함의 본질과 심오한 것으로 착각해서는 안 된다. 단순함의 원천은 순전히 내적이다. 단순함은 마음가짐으로, 우리를 움직이게 하는 의도에서 나온다. 어떤 사람이 자신이 마땅히 되어야 하는 존재, 즉 사람다운 사람이 되는 일에 가장 많이 신경을 쓴다면 이 사람은 단순하다.

이것은 생각만큼 쉬운 일은 아니지만 그렇다고 불가능하지도 않다. 이는 결국 자신의 열망과 행동을 우리 존재의 원칙과 일치시키는 것, 그래서 우리를 존재하게 한 영원한 의도와 일치시키는 것이다. 꽃은 꽃이어야 하고, 종달새는 종달새, 바위는 바위, 그리고 사람은 여우도, 산토끼도, 맹금이나 돼지도 아닌 사람이어야 한다. 이것이 핵심이다.

이제 우리가 추구해야 할 구체적인 이상을 말할 차례가 왔다. 모든 생명체는 특정한 목적을 이루기 위해 일정량의 힘과 자양분을 결합한다. 이 과정에서 가공되지 않은 재료들이 변형되어 보다 높은 수준의 조직체가 된다. 우리 삶도 다르지 않다. 이상은 삶을 지금의 자신보다 더 큰 좋은 자신으로 바꾸는 일일 것이다.

삶은 원료에 비유할 수 있다.
원료가 무엇인지는
그 원료로 무엇을 만들어 내느냐보다 덜 중요하다.
예술 작품과 마찬가지로
우리가 높이 평가해야 할 것은
장인이 거기에 무엇을 담아냈느냐다.

우리는 태어나면서 각기 다른 재능을 타고난다. 어떤 사람은 황금을 받았고, 어떤 이는 화강암을, 또 다른 사람은 대리석을 받았으며, 대부분은 나무나 진흙을 타고난다. 우리가 할 일은 이 원료를 가공하는 것이다. 우리가 잘 알듯 최고로 귀한 재료를 망칠 수 있는가 하면, 별 가치 없는 재료로 영원히 빛나는 작품을 만들어 낼 수도 있다. 예술은 영원한 생각을 눈에 보이는 형태로 표현하는 것이다.

진정한 삶이란 정의, 사랑, 진리, 자유, 도덕적인 힘 같은 고결한 것을 매일매일 하는 활동에서 이루어진다. 그 장소나 외적인 모습이 무엇이든 말이다. 이런 삶은 매우 다양한 사회 조건에서, 서로 매우 다른 타고난 소질로써 이룰 수 있다. 개인이 지닌 재산이나 타고난 우월함이 아니라, 그것으로부터 어떤 좋은 것을 만들어 내느냐가 삶의 가치다. 얼마나 화려한지, 얼마나 오래 가는지는 별로 중요하지 않다. 결과물의 질이 핵심이다.

이런 관점에서 보았을 때, 아무런 노력 없이 높이 올라가지 못한다는 말을 굳이 할 필요가 있을까. 단순함의 정신은 물려받는 재능이 아니라 부단한 노력으로 얻어내는 결과다. 잘 사는 것은 잘 생각하는 것과 마찬가지로 모두 단순화하는 데 달렸다.

내어 주어야만 보이는 삶

과학은 여러 다양한 경우가 복잡하게 얽힌 것에서 몇 가지 일반적인 원칙을 끌어내는 것이다. 이를 발견하기까지 얼마나 많은 오류와 시행착오를 거듭해야 하는가. 수 세기에 걸쳐 이루어진 탐색이 단 한 줄의 원리로 요약되는 경우가 허다하다. 이런 점에서 도덕적 삶은 과학의 삶과 매우 유사하다.

도덕적 삶 역시 처음에는 큰 혼돈에서 시작해 자신을 시험하고 탐색하고 실수를 거듭한다. 부단히 행동하고 진실한 마음으로 자기 행동을 검토해 가다 보면 삶을 더 잘 깨우친다. 그러다 보면 도덕적 삶의 원칙이 모습을 드러내는데, 이는 자기 임무를 수행하는 것이다. 이 목표를 실현하는 것 이외의 다른 일에 전념하다 보면 살면서 존재 이유를 잃고 만다. 이기주의자, 향락가, 야심가가 그렇다. 이들은 이삭이 패지 않은 밀을 먹어 치우듯 삶을 소비한다. 그래서 삶이 열매를 맺지 못하

단순하다고 소홀한 것은 아니다

게 한다. 이들의 삶은 더 이상 쓸 수 없는 삶이다.

반면에 더 좋은 고귀한 것을 위해 삶을 바치는 사람은 삶을 내어 줌으로써 삶을 구한다. 도덕적 원칙이 겉보기에 독단적이고 삶에 대한 열정을 거스르는 것처럼 보이지만, 여기에는 단 하나의 목적만 있을 뿐이다. 우리가 삶을 헛되이 사는 불행을 겪지 않게 하는 것. 때문에 이 원칙들은 항상 우리를 같은 방향으로 돌려놓으며 이렇게 말한다.

"삶을 허비하지 말고 열매를 맺게 하라.
삶을 헛되이 버리지 않기 위해서 삶을 내어줄 줄 알라."
인류의 경험은 이렇게 요약된다.

모든 사람이 각자 스스로 다시 해내야만 하는 이 경험은, 인류가 큰 값을 치르고 얻은 것이기에 더욱 소중하다. 이 경험의 교훈 덕분에 사람은 도덕적 행보가 더욱 확고해지고, 방향을 찾을 수 있으며, 모든 것을 가늠할 내적인 기준도 갖춘다. 불분명하고 혼란스럽고 복잡한 존재였던 사람은 단순해진다. 매일 현실에서 증명되는 이 원칙이 마음속에서 점점 커져가며, 지속적인 영향을 주고 이로써, 지속적인 영향으로 판단과 습관에 변화가 생긴다.

진정한 삶의 아름다움과 웅대함, 그리고 인류가 진리와 정의, 선을 향해 가며 벌이는 투쟁의 성스러운 감동에 사로잡히면 그 매력은 마음속에서 사라지지 않는다. 그리고 모든 것이 자연스레 이 강력하고 지속적인 노력에 이끌려 간다. 이 노력을 위해 필요한 권력과 힘의 위계질서가 마음속에서 정해진다. 핵심적인 것이 명령하고 부수적인 것이 복종하며, 단순함으로부터 질서가 탄생한다.

내적인 삶의 메커니즘은 군대 메커니즘에 비교할 수 있다. 군대는 규율 덕분에 강해지는데, 규율은 하급자가 상급자를 따르는 것, 모든 힘을 하나의 목표를 향해 집중하는 것이다. 규율이 흐트러지면 군대는 고통받는다. 자신의 삶과 타인의 삶, 사회의 삶을 세심하게 살펴보라. 무언가 결함이 있고 삐걱거리고 문제가 생기고 질서가 없어질 때, 매번 그 이유는 하사가 장군에게 명령했기 때문이다. 단순함이 마음속에 깊이 파고들면 무질서는 사라진다.

나는 결코 단순함을 그 격에 맞게 제대로 설명할 수 없을 것이다. 세상의 힘과 아름다움, 진정한 기쁨, 우리를 위로하고 희망을 주는 것, 우리가 걸어가는 어두운 길에 조금이나마 빛을 비춰 주는 것, 우리의 가련한 삶에서 황홀한 목표와 거대한 미래를 엿보도록 해주는 것은 전부 단순한 진리와 이를 따르는 사람들에게서 나온다. 이들은 이기주의나 허영심에서 오는 일시적인 만족이 아닌 다른 목표를 추구하는 사람, 삶의 지혜는 자기 삶을 내어줄 줄 아는 데 있다는 사실을 이해한 사람이다.

우리의 이성 위를 떠다니는 미지의 무엇, 불안하고 모순투성이인 운명의 수
수께끼, 거짓말과 증오, 타락과 고통, 그리고 죽음 앞에서 무엇을 찾아야 할
까? 이 모든 질문에 묵직하고 신비로운 목소리가 답했다. 선하게 살라고.

현실이 나를
떠밀 때

우리를 에워싼 신비 앞에 두 손을 모으고 눈을 크게 떠야 한다. 우리가 지닌 숱한 정보와 지식에도 불구하고 우리가 실제로 아는 것은 거의 없고, 세상은 우리의 두뇌보다 훨씬 크며, 이 사실을 행복하게 여겨야 한다.

생각이 맑아야 삶도 가볍다

정돈해야 하는 것은 실제로 드러나는 삶의 모습뿐 아니라 생각의 영역이다. 우리는 온통 혼란에 빠져 있다. 우리는 가시덤불로 무성한 곳 한복판을 헤쳐 가면서 어디로 가야 할지, 어디로 가고 있는지 모른 채 잡다한 것들에 정신을 빼앗긴다.

누구나 목적을 지니고 있으며 그 목적은 사람으로서 사람답게 살아가는 것임을 인정하는 순간부터 이에 맞춰 자기 생각을 조직한다. 생각하고 이해하고 판단하는 방식들 가운데 자신을 더 좋고 강하게 만들지 못하는 것은 모두 건강하지 못한 방식으로 여기고 버린다. 이런 사람은 무엇보다 생각하는 일, 즉 사고를 단순한 심심풀이로 여기는 나쁜 습관에서 벗어나려 한다. 사고란 전체 안에서 나름의 기능을 수행하는 진지한 도구이지 장난감이 아니다.

가령 모든 도구들이 제자리에 잘 정돈된 화가의 작업실이 있다고 하자, 이는 모든 도구가 달성해야 할 어떤 목적을 위해 잘 배치되어 있음을 나타낸다. 그런데 이 작업실에 원숭이들을 들어오게 해보자. 원숭이들은 작업대에 기어 올라가고, 끈에 매달리고, 천으로 제 몸을 둘둘 감고, 슬리퍼를 머리에 쓰고, 붓을 던지며 재주를 부리고, 물감을 입에 넣어 맛보고, 초상화의 배 속에 뭐가 있나 보려고 화폭에 구멍을 낼 것이다. 원숭이들은 이런 행동이 무척 재미있다고 여길 것이다. 히지만, 화가의 작업실은 원숭이가 뛰노는 곳이 아니다. 이와 마찬가지로 사고는 곡예를 부리는 운동장이 아니다.

참된 사람은 자기 모습 그대로,
자기가 좋아하는 대로 생각한다.
진심으로 사고할 뿐,
모든 것을 보고 모든 것을 알아내겠다는 핑계를 대면서
그 어떤 감정도 행동도 불러일으키지 못하는
무미건조한 사고를 하지 않는다.

거짓된 삶에 일상적으로 따라붙는, 하루빨리 고쳐야 할 또 다른 습관이 있다. 모든 면에서 일일이 자신을 스스로 점검하고 분석하려는 강박관념이 그것이다. 자기 내면을 들여다보고 양심을 점검하는 일을 소홀히 하라는 말은 아니다. 자기 마음과 행동의 동기를 분명히 알려고 노력하는 일은 삶의 필수적인 요소다. 그러나 자신의 삶과 생각을 끊임없이 뜯어보고 점검하면서 자신을 기계처럼 분해하는 일은 그렇지 않다. 이것은 시간 낭비이고 무언가 잘못된 일이다.

걸음마를 잘 하기 위해서 자신의 몸을 해부학적으로 꼼꼼히 점검하는 아기는 첫걸음을 떼기도 전에 넘어질 것이다.

"너는 걸을 수 있는 근육이 있으니 한번 걸어 봐. 넘어지지 않게 조심하고 네 힘을 분별 있게 사용하면 돼."

결점만 찾아내려는 사람, 도덕적 불안감을 팔아먹는 장사치는 결국 아무 행동도 하지 못한다.

나는 나를 잊고 살아왔다

상식이 조금만 있다면 인간이 자신만을 생각하도록 만들어진 존재가 아님을 알 수 있을 것이다. 상식이라는 것이 저 옛날의 미풍양속만큼이나 희귀해져 간다고 느끼지 않는가? 우리는 낡아빠진 상식 말고 다른 것이 필요하다면서 공연히 일을 복잡하게 생각한다. 그렇게 하는 것이 평범한 사람은 생각지 못할 세련됨이고, 이처럼 남들과 다르다는 것은 기분 좋기 때문이다.

우리는 평범한 사람으로서 자신이 지니고 있으며 모두가 잘 아는 수단을 사용해 행동하는 대신, 온갖 지식을 동원해 놀랍도록 기발한 행동을 하기에 이른다. 단순한 길을 따라가기보다는 탈선하는 편이 더 낫다고 여긴다.

정형외과에서 접하는 신체의 기형이나 변형은, 우리가 상식에서 벗어나고자 스스로에게 가하는 왜곡이나 뒤틀림에 비하면 아무것도 아니다. 하지만 우리는 애석하게도 큰 희생을 치르고 나서야 본모습을 해치면 대가를 치러야함을 깨닫는다. 새로운 것은 일시적일 뿐 영원하지 않다. 반대로 평범한 것이 영원히 지속되며, 이것에서 멀어지면 엄청난 위험을 감수해야 한다. 평범함에서 멀어졌다가 되돌아와 다시 단순해진다면 다행이다.

단순한 상식은 많은 사람들이 상상하듯 아무나 타고나는 자질이 아니다. 아무런 노력 없이 얻을 수 있는 진부하고 평범한 지식이 아니다. 상식은 대중의 심장에서 곧장 흘러나온 듯한 작자 미상의 민요와 같다. 수 세기에 거쳐 느릿느릿 힘겹게 축적한 노력의 자산이다. 이처럼 상식은 보물과 같아서 이것을 잃어버린 경험이 있거나 이것이 없으면 어떤 모습으로 살아야 하는지 아는 사람만이 그 가치를 온전히 이해할 수 있다.

상식을 얻어 간직하고 맑은 통찰력과 올바른 판단력을 지켜내기 위해서라면 그 어떤 노고도 아깝지 않다고 생각한다. 사람들은 자신이 지닌 검이 상하거나 녹슬까 봐 소중히 간직한다. 그러니 자기 생각은 말할 것도 없이 소중하게 다뤄야한다. 상식을 동원하라는 것이 곧 실리적인 사고, 볼 수 없고 만질 수 없는 모든 것을 부정하라는 말은 아니다. 물질적인 감각에만 집중하고 내면세계의 고귀한 현실을 잊어버리는 것 또한 상식에 어긋나는 일이기 때문이다.

이 지점에서 인류의 가장 큰 문제들이 고통스럽게 욱신댄다. 우리는 삶을 이해하려고 수많은 어둠과 고통을 헤치며 고군분투하는데, 이 과정에서 영적인 현실을 건드리는 모든 것은 우리를 점점 더 불안하게 한다. 생각의 커다란 위기와 더불어 찾아오는 묵직한 당혹감과 순간적인 무질서의 한복판에서, 몇 가지 단순한 원칙만 가지고 그 상황을 벗어나기란 몹시 힘들어 보인다.

그러나 모든 시대에서 그래왔듯 필연성이 우리를 도와준다. 결국 삶의 프로그램이란 무척 간단하고, 그래서 삶은 절박하게 다가와 우리에게 강요한다.

삶은 우리 생각보다 항상 앞서가므로
아무도 삶을 먼저 이해한 다음에
살아갈 수는 없다고 알려준다.

어디에서나 자신만의 철학, 믿음을 지닌 채 이미 벌어진 현실에 직면하는데, 이 놀랍고도 부인할 수 없는 현실은 우리가 삶을 이성으로 추론하고 복잡하게 논한 다음에야 행동하려는 마음을 접으라고 경고한다. 이 덕분에 자신이 가는 길을 의심할 때도 다행히 세상은 멈추지 않는다.

고작 하루를 여행하는 존재인 우리는 예측할 수도, 전체를 파악할 수도, 최종 목표도 알 수 없는 거대한 움직임에 끌려가면서 동시에 그 움직임에 기여하라는 부름을 받는다. 우리는 우리에게 주어진 평범한 병사의 역할을 충실히 수행해야 하므로, 우리의 생각도 이 상황에 적응해야 한다.

이전 사람들보다 더 힘든 시대를 살아가고 있다고 말하지 말자. 멀리 있는 것은 제대로 볼 수 없는 법이고, 할아버지가 살던 시대에 태어나지 않았다고 불평하는 것은 부당한 일이다. 적어도 한 가지 확실한 것은 세상이 생긴 이후로 사리를 명확히 판단하기란 언제나 힘들었다는 사실이다. 올바르게 생각하는 일은 언제 어디에서나 어려웠다. 이 점에서 옛날 사람이라고 해서 요즘 사람보다 결코 더 편하지 않았다. 그리고 사람들 사이에도 전혀 차이가 없다. 복종하는 사람이든 명령하는 사람이든, 가르치는 사람이든 배우는 사람이든, 펜을 든 사람이든 망치를 든 사람이든 진실을 제대로 분별해내는 일은 똑같이 힘들다.

인류가 발전하며 얻은 몇 줄기 빛이 큰 도움이 될 수 있다. 이 빛 때문에 문제의 개수와 여파도 커진다. 어려움은 절대로 사라지지 않았으며, 지성은 항상 장애물을 만난다. 우리가 알지 못하는 것이 우리를 사방에서 옥죄며 지배한다. 그러나 갈증을 해소하기 위해 샘물을 몽땅 마실 필요가 없듯이 살아가기 위해 모든 것을 다 알 필요는 없다.

온전히 믿는 것을 온전히 따라야

인류는 주어진 몇 가지 기본적인 양식에 기대어 지금껏 계속 살아왔다. 이 양식이 무엇인지 알아보자.

첫째, 인류는 믿음으로 살아간다. 이 믿음이라는 수단으로 의식적인 생각의 범위 안에서 모든 존재의 막연한 근거를 비춰볼 뿐이다.

우주가 견고하며 영리하게 조직되어 있다는 확고한 믿음은 존재하는 모든 것 안에 담겨 있다. 꽃, 나무, 짐승은 온전히 마음을 놓은 채 평온하고 확고히 살아간다. 내리는 비, 동트는 아침, 바다로 흘러가는 냇물에 대한 믿음이 있다. 존재하는 모든 것은 이렇게 말하는 것처럼 보인다.

"나는 존재한다. 그러므로 나는 존재해야 마땅하다. 그럴 만한 훌륭한 이유가 있으니 마음을 놓자."

이와 마찬가지로 인류도 믿음으로 살아간다. 인류는 존재한다는 사실 자체로 이미 자기 안에 존재할 충분한 이유와 보증을 담고 있다. 자신이 존재하도록 의도한 의지에 자신을 맡긴다. 우리는 믿음을 간직하고서 절대로 흔들리지 않도록 해야 하며, 오히려 이 믿음을 키워서 보다 개인적이고 분명하게 만드는 노력을 기울여야 한다. 마음속에 믿음을 키우는 것이라면 무엇이든 좋다. 이로부터 고요한 에너지와 차분한 행동, 결실 있는 노동과 삶에 대한 애정이 나오기 때문이다.

믿음은 우리 안의 모든 힘을 움직이게 하는
신비로운 원동력이다.
믿음은 우리에게 양분을 준다.
우리가 살아가는 것은 식량이 아니라 믿음 덕분이다.
따라서 믿음을 위태롭게 하는 것은 모두
양분이 아닌 나쁜 것, 독이다.

삶 자체를 공격하고 나쁘다고 선언하는 사고 체계는 전부 해롭다. 최근에 삶을 회의적으로 바라보는 시각이 늘었다. 나무뿌리에 부식성 물질을 쏟아 부으면 나무는 당연히 말라죽지 않겠는가. 아주 단순한 고찰로도 허무주의 철학을 반박할 수 있다. 삶이 나쁘다고 생각하는가? 그렇다면 당신은 그 해로운 삶에 맞서 어떤 대책을 제시하는가? 삶에 맞서 싸우고 삶을 제거할 수 있는가?

당신을 삶을 꺼뜨리고 자살하라는 것이 아니다. 그런다고 뭐가 나아지겠는가. 그저 삶 자체를 제거하라고 요구하는 것이다. 즉, 인간의 삶뿐만 아니라 그 밑바닥에 깔린 막연한 토대를, '불행을 향해 돌진하는' 그 모든 삶의 충동을 제거하라고 하는 것이다. 아득한 시간을 거치며 전해져 온 살고자 하는 의지를 제거하고, 끝내 삶의 원천을 제거하라고 요구하는 것이다. 당신은 이렇게 할 수 있는가? 하지 못한다. 그러므로 우리를 가만히 내버려 두어라.

아무도 삶에 제동을 걸 수 없다면, 사람들이 삶을 혐오하게 하느니 차라리 삶을 귀하게 여기고 이를 활용하는 법을 가르치는 편이 낫지 않을까. 어떤 음식이 건강에 해롭다는 것을 알면 우리는 그 음식을 먹지 않는다. 특정한 사고방식 때문에 믿음과 기쁨, 힘을 잃는다면 이런 사고방식을 버려야 한다. 이것은 영혼에 해로울 뿐 아니라 거짓된 양식임이 확실하니까.

인간적인 생각만이 인간에게 진실하고, 염세주의는 비인간적이다. 염세주의는 논리적이지 못할 뿐 아니라 겸손하지도 못하다. 생명이라 불리는 이 놀라운 것을 나쁘다고 간주하려면 삶을 직접 만들기라도 했듯, 삶의 밑바닥까지 속속들이 꿰고 있어야 할 것이다. 이 시대의 몇몇 위대한 사상가의 태도란 얼마나 기이한가. 이들은 아주 먼 옛날, 자신이 소싯적에 손수 세상을 창조한 것처럼 행동한다. 그랬다가 이제는 환상에서 깨어났고 자기가 한 일이 확실히 실수였다면서 말이다.

다른 음식들로 양분을 취하자. 우리 영혼을 위안이 되는 생각들로 강하게 만들자. 우리를 가장 튼튼하게 하는 것이야말로 우리에게 더없이 진실한 것이다.

진리는 결코 멀리 있지 않다

인류는 믿음으로 살아가는 동시에 희망으로도 살아간다. 희망
은 미래를 향한 믿음이다. 모든 삶은 하나의 결과이며 하나의
열망이다. 존재하는 모든 것은 시작점이 있고 끝점을 향해 나
아간다. 살아가는 것은 변화해 가는 것이며, 변화해 가는 것
은 열망하는 것이다. 엄청난 변화는 곧 무한한 희망이다. 사
물들의 밑바탕에는 희망이 있으며, 이 희망이 인간의 마음에
비춰져야 한다. 희망이 없으면 생명도 없다.

  우리를 존재하게 하는 힘이 우리를 더 높이 올라가게 한
다. 우리를 발전하도록 밀어붙이는 이 집요한 본능의 의미는
무엇일까? 이것이 진정으로 의미하는 바는, 생명에서는 무언
가가 결과물로 생겨야 한다는 것이다. 생명 그 자체보다 더 좋
은 어떤 것이 만들어지고, 생명은 이것을 향해 천천히 움직여
가며, 고통을 감내하는 것이다. 씨를 뿌리는 존재인 우리는

모든 씨 뿌리는 사람들과 마찬가지로 미래를 기대해야 한다.

인류의 역사는 꺾을 수 없는 희망의 역사다. 그렇지 않다면 모든 것이 이미 오래 전에 끝장났을 것이다.

무거운 짐에 짓눌리면서도 걸어가려면,
밤에도 길을 찾아가려면,
쓰러지고 몰락해도 다시 일어서려면,
죽음에 자신을 내맡기지 않으려면
우리는 언제나 희망해야 한다.

가끔은 아무런 희망조차 없을지라도. 이것이 인류를 지탱해 주는 자양분이다. 우리가 오로지 논리만 지녔다면 이미 오래전에 다음과 같은 결론을 내렸을 것이다. 결국은 죽음이 올 뿐이며, 이 생각 때문에 우리는 죽을 거라고. 그러나 우리에게는 희망이 있고, 이로써 우리는 살아가고 삶을 믿는다.

신비주의 수도자인 하인리히 주조(1295~1366)에게는 매우 감동적인 습관이 있었다. 길에서 여성을 만날 때마다, 그 여성이 아무리 가난하고 늙었어도 공손히 길을 비켜서곤 했다. 그러느라 가시덤불이나 바퀴 자국이 움푹 난 진흙탕에 서 있는 한이 있더라도 말이다. 그는 이렇게 말했다.

"내가 이렇게 하는 것은 성모마리아께 경의를 표하기 위해서지요."

희망에도 이와 같은 경의를 표하자. 밭고랑을 뚫고 올라오는 밀의 새싹, 새끼들을 품어 먹이는 새, 다친 몸이지만 일어

나 다시 길을 걸어가는 가련한 짐승, 수해나 우박으로 폐허가
된 밭에서 일하며 씨 뿌리는 농부, 망가진 곳을 천천히 수리하
고 상처를 붕대로 감싸는 민족에게서 희망을 본다면, 그것이
아무리 보잘것없고 병약한 모습을 띠더라도 경의를 표하라.
전설에서, 일상의 노래에서, 소박한 믿음에서 희망을 만나도
경의를 표하라. 이것은 모두 똑같은 희망, 파괴할 수 없는, 신
의 영원한 자식이므로.

　우리는 과감하게 희망하는 일이 너무나 드물다. 이 시대
사람들은 이상한 소심함에 빠져들었다. 우리 조상들은 하늘이
무너질 것을 두려워했는데, 이런 어처구니없는 두려움이 마음
속에 들어왔다. 물방울이 막막한 대양을 의심하는가? 햇살이
태양을 의심하는가? 그런데 우리의 병약한 신중함이 이런 일
을 해냈다. 이런 신중함은 불만으로 가득 찬 늙은 교사를 떠올
리게 한다. 이들은 어린 학생들의 쾌활한 장난기나 젊은이 특
유의 열정을 쌀쌀하게 대하느라 온 힘을 쏟는다.

　이제 다시 어린아이가 되어 우리를 에워싼 신비 앞에 두
손을 모으고 눈을 크게 떠야 할 때다. 우리가 지닌 지식에도
불구하고 우리가 실제로 아는 것은 거의 없고, 세상은 우리의
두뇌보다 훨씬 크며, 이 사실을 행복하게 여겨야 한다는 것을
명심해야 할 때다. 세상이 이토록 경이롭다면, 그 안에는 우
리가 알지 못하는 자원이 가득할 테고, 따라서 우리는 자신을
경솔하다고 자책하지 않으면서 이 세상을 어느 정도 믿을 수
있을 테니까.

　빚쟁이처럼 굴면서 이 세상을 돈 갚을 능력이 없는 빚 진

사람으로 취급하지 말자. 용기를 되살려 희망이라는 성스러운 불꽃을 다시 밝혀야 한다. 태양이 여전히 뜨고, 땅에서 다시 꽃이 피며, 새가 둥지를 트고, 어머니가 아이에게 미소를 지으므로 살아갈 용기를 내고, 나머지는 하늘에 있는 별의 수를 헤아리는 신에게 맡기자. 이 시대를 살아가며 환멸에 빠져 낙담한 모든 이들에게 열렬한 메시지를 전하고 싶다.

"용기를 내라,
계속 희망하라.
가장 큰 희망을 지닐 용기가 있는 사람이
확실히 가장 적게 실수할 것이다."

가장 어수룩한 희망은 가장 이성적인 절망보다 진실에 더 가깝다.

믿고, 꿈꾸고, 살아야 할 삶

인류가 길을 가며 만나는 또 다른 빛은 선함이다.

나는 인간의 천성이 완벽한데 사회가 인간을 타락하게 한다고 믿는 사람이 아니다. 오히려 모든 형태의 악들 중에 내가 가장 두려워하는 것은 대대로 물려 내려오는 악이다. 나는 가끔 의아한 생각이 든다. 우리 혈관에 주입된 악, 비열한 본성이라는 이 오래된 독성 바이러스, 과거가 우리에게 물려준 온갖 종속 관계가 어째서 우리를 쓰러뜨리지 못했는지 말이다. 이것은 틀림없이 다른 무언가가 있기 때문이다. 이 다른 무언가가 선함이다.

우리의 머리 위, 고집불통인 우리 이성 위를 떠다니는 미지의 무엇, 불안하고 모순투성이인 운명의 수수께끼, 거짓말과 증오, 타락과 고통, 죽음에 대해 무엇을 생각할까? 무엇을 할까? 이 모든 질문에 묵직하고 신비로운 목소리가 답했다.

선하게 살라고.

선함은 영원히 사라지지 않으니 믿음이나 희망처럼 신에게서 나오는 것이 틀림없는데, 너무도 많은 힘이 이에 맞선다. 인간의 마음속에 사는 짐승인 원초적인 잔혹함이 선함에 맞선다. 영악함, 폭력, 이기심, 특히 감사할 줄 모르는 마음이 선함에 맞선다. 그런데 선함은 어째서 이 음침한 적들 한가운데를 지나가면서도 상하지 않고 남는가? 성스러운 전설의 예언자가 으르렁대는 야수들 한가운데에서 그랬듯 말이다.

선함의 적은 이 낮은 세상의 것이고, 선함은 저 높은 세상의 것이기 때문이다. 제아무리 뿔과 이빨, 발톱, 살기 가득한 눈을 번득여도 높은 곳으로 세차게 날아오르는 재빠른 날갯짓에는 맞서지 못한다. 그렇게 선함은 적들의 공격에서 벗어난다. 더 나아가, 선함은 때때로 자기를 박해하는 것들을 이겨내 아름다운 승리를 거두기도 했다. 야수가 차분해져서 선함의 발밑에 엎드려 선함의 원칙에 순종한 것이다.

가장 숭고하며, 그 심오한 뜻을 파악할 줄 아는 사람에게 가장 인간적인 핵심 교리는 다음과 같다.

길 잃은 인류를 구원하기 위해
보이지 않는 신이 인간의 모습으로 찾아와
우리 가운데에 머물렀는데,
사람들이 자신을 단 하나의 표식으로만 알아보도록 했다.
그 표식은 선함이었다.

선함은 불행한 사람, 심지어 악한 사람도 치유하고 위로하고 온화하게 대하며, 자신이 가는 길에 빛을 비춘다. 선함은 밝고 단순함으로 이끈다. 그리고 가장 겸손한 몫을 택한다. 상처를 감싸고, 눈물을 지우고, 비통함을 가라앉히며, 상처 입은 마음을 달래고, 용서하고, 화해한다. 나는 생각을 비옥하고 단순하고 진정 인간의 운명에 적합하게 가꾸는 가장 좋은 방법을 다음과 같은 말로 요약하겠다.

'믿음을 갖고,
희망을 놓지 않으며,
선하게 살라.'

고결한 진리를 사색하려는 사람의 의욕을 꺾거나, 미지의 문제, 철학이나 과학의 광대한 수수께끼에 관심을 갖고 연구하려는 사람을 말릴 생각은 없다. 그러나 이렇게 멀리 여행을 떠났다가도 항상 우리가 있는 지점, 눈에 보이는 결과 없이 제자리걸음을 하게 마련인 이곳으로 되돌아와야 할 것이다.

학자와 사상가, 무지한 사람이 너나 할 것 없이 분명하게 알지 못하는 삶의 조건과 사회 문제가 있는 법이다. 지금 이 시대에 우리는 이런 상황을 자주 맞닥뜨리는데, 내가 제시하는 방법을 따르려는 사람에게 보증하겠다. 직접 시도해 보면 이 방법이 좋다는 것을 금세 인정할 것이다.

믿음이 나를 내몰지 않도록

내가 종교 분야를 가까이 대해 왔기에, 이 책의 주제와 관련해 적어도 일반적으로 가장 좋은 종교가 무엇인지 간략히 말해 달라고 부탁하는 사람들이 있을지 모르니, 이에 대해 기꺼이 내 생각을 밝히겠다. 그런데 일반적으로 묻듯이 가장 좋은 종교가 무엇이냐고 질문하면 안 될 것 같다. 각 종교에는 나름의 분명한 특징과 장단점이 있다. 따라서 엄밀히 말하자면 기껏해야 종교를 서로 비교할 수 있을 뿐이다.

이렇게 비교할 때는 항상 선입관이나 의도하지 않은 편파성이 끼어들기 마련이다. 그러므로 질문을 바꿔 다음과 같이 물어야 한다.

"내가 믿는 종교가 좋은 종교입니까?"

"좋은 종교는 어떻게 알아봅니까?"

이 질문에 대한 내 대답은 다음과 같다.

"당신의 종교가 살아 있고 행동하는 종교라면 좋은 종교라고. 만일 당신의 종교가 당신에게 존재와 믿음, 희망, 선함에 무한한 가치가 있다고 느끼게 한다면, 당신의 종교가 당신의 가장 큰 단점에 맞서서 가장 큰 장점을 북돋아 준다면, 그래서 당신이 끊임없이 새로운 인간이 되고 싶은 욕구를 느끼게 한다면, 고통이 당신을 해방해 줄 것으로 생각하게 한다면, 다른 사람의 양심을 존중하는 마음을 키워 준다면, 당신이 더 쉽게 용서하게 하고, 당신의 행복을 덜 교만하게 하고, 의무를 더욱 더 값지게 하고, 사후 세계를 덜 막연하게 해준다면."

그렇다면 당신의 종교는 그 이름이 무엇이든 좋은 종교다. 이런 역할을 하는 종교라면 아무리 미개하더라도 진정한 근원에서 나오는 종교이며, 당신을 신에게 연결해 준다.

그런데 만에 하나 종교가 당신이 남보다 우월하다고 믿고, 경전 문구에 대해 궤변을 늘어놓고, 얼굴을 찌푸리게 하고, 타인의 양심을 지배하거나 당신의 양심을 노예로 삼고, 당신의 양심을 잠재우고, 유행이나 이득에 따라 종교를 믿거나, 사후를 계산하고 선을 행하게 하는가? 그렇다면 당신이 어느 종교를 믿든 당신의 종교는 아무 가치가 없고 당신을 인간과 신으로부터 떼어 놓는다.

어쩌면 내게는 이런 식으로 말할 자격이 없는지 모른다. 나보다 훨씬 훌륭한 다른 사람들, 특히 서기의 질문에 착한 사마리아인의 우화를 들려줌으로써 답한 사람이 나보다 앞서 같은 말을 했다. 나는 그분의 권위를 방패로 삼는다.

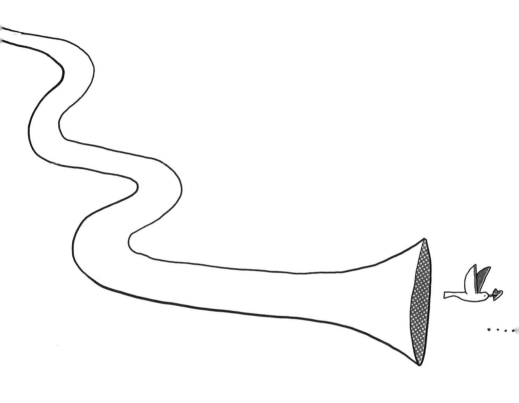

생각한 것을 충실하게 표현하지 못하고 과장하면 왜곡할 수밖에 없다. 서로
이해할 수가 없다. 성질을 돋우고, 논의는 과격하고 비생산적이며, 성급하고
무절제해지고, 극단주의가 난무한다. 이것이 언어를 과장한 결과다.

자신을 대중 앞에서 표현할 때, 진실하고 간소하고 단순해져라. 절대 과장하
지 말고 마음속에 있는 것을 충실하게 내보여라. 무엇보다 자신을 잊지 말라.
그리고 침묵하는 법을 배우라. 침묵한 만큼 당신의 힘은 커질 것이다.

온전히 정신을 담은 말인가

말은 정신을 드러내는 위대한 도구이며, 정신이 겉으로 드러나는 최초의 형태다. 당신의 말은 당신의 생각을 따른다. 단순하게 살도록 삶을 혁신하려면 자신의 말과 글을 잘 살펴야 한다. 말은 생각과 마찬가지로 단순해야 하며, 진실하고 분명해야 한다.

"올바르게 생각하고, 솔직하게 말하라."

사회관계의 바탕에는 상호 신뢰가 있고, 이는 각 개인의 진실함을 영양분으로 삼는다. 진실함이 줄어들면 곧바로 믿음이 손상되고, 관계는 고통 받으며, 불안이 싹튼다. 이는 물질적이거나 정신적인 이득에 모두 적용된다. 끊임없이 경계해야만 하는 사람과는 장사도 사업도 하기 힘들 뿐 아니라 과학적 진실을 탐색하고 종교적 화합을 이루거나 정의를 실현하기도 어렵다.

말하고 글로 쓰는 모든 것이 진실이 아니라
우리를 속이고 홀릴 목적으로 한
거짓말이라는 원칙이 있다면,
우리는 모든 사람의 말과 의도를 먼저 통제해야 하므로
삶은 혼란스럽고 복잡해진다.

우리의 경우가 그렇다. 간사한 꾀를 부리며 서로를 속이려는 교활한 사람과 책략가가 너무 많아, 가장 단순하고 기본적인 중요한 것들을 알아보려 할 때 모두가 이토록 애를 먹는 것이다.

이 글을 읽는 중이라면 내 생각을 충분히 이해했을 것이며, 각자가 이에 대해 나름의 풍부한 예를 들어 설명할 수 있을 것이다. 그래도 나는 이 부분을 강조하며 내 나름의 예를 들고자 한다.

예전 사람들에게는 서로 소통할 수단이 적었다. 정보 전달 수단이 더욱 정교하고 많아지면 시야가 더 밝아지리라 생각하는 것은 당연했다. 민족들은 서로 더 잘 알고 사랑하며, 같은 나라의 국민은 공동의 삶에 관련된 모든 것을 더 잘 알게 되어 더욱 더 끈끈한 형제애로 연결되어 있으리라고 말이다.

인쇄술을 발명했을 때, 그리고 그로써 독서 문화와 신문이 전파되었을 때 사람들은 "빛이 있으라!"라고 외쳤다. 사람들이 다음과 같이 생각하지 않을 이유가 무엇이었겠는가. 두 개의 빛이 하나의 빛보다, 여러 개의 빛이 두 개의 빛보다 더 잘 비출 거라고. 신문과 책이 많을수록 무슨 일이 벌어지는지 더 잘 알 수 있고, 후대에 역사를 글로 남기려는 사람은 기록이 많을 테니 무척 행복할 거라고 말이다. 이는 너무도 당연한 생각이었다.

안타깝게도 도구가 뛰어나고 강력해질 거라는 사실에 근거한 추론이었지만, 여기에는 어디에서나 가장 중요하기 마련인 인간적인 요인이 고려되지 않았다. 궤변론자와 근거 없는 말로 남을 헐뜯고 모략하는 이들, 입을 나불대고 다니며 누구보다 말과 글을 잘 다루는 이들이 온갖 수단을 한껏 활용해서 생각을 부풀리고 퍼뜨렸다.

그 결과 무슨 일이 벌어졌는가? 이 시대 사람들은 자기 시대와 자신이 하는 일에 관한 진실을 알기조차 매우 힘들어지고 말았다. 이웃 나라들에 대해 공정하고 올바른 정보를 전하고 음흉한 속셈 없이 취재해서 국제 관계가 좋아지게 노력하는 몇몇 신문이 있기는 하지만, 경계심과 비방을 퍼뜨리는 신문이 얼마나 많은가. 이로 인해 여론에 인위적이고 불건전한 흐름이 조성되고, 거짓 소문이나 악의에 찬 해석이 얼마나 판을 치는가.

국내 소식의 경우도 해외 소식보다 상황이 낫지 않다. 상업이나 공업, 농업의 이해관계, 정당이나 사회 움직임, 공공 사안에 연루된 사람들에 관해 이해관계를 떠난 공정하고 올바른 정보를 얻기란 쉽지 않다. 신문을 읽으면 읽을수록 오리무중이다.

여러 신문을 읽고 그 기사들을 그대로 믿는다면 독자는 다음과 같은 결론을 내릴 수밖에 없을 것이다. 이 세상에는 이제 선한 사람은 없이 타락한 사람들 천지이고 정직한 사람이라곤 논평가 몇 명밖에 남지 않았다고. 그런데 이런 생각마저 금세 무너지고 말 것이다. 사실 논평가들은 서로 잡아먹지 못해 안달이니까. 그러고 나면 독자의 눈앞에 펼쳐지는 광경은 뱀들의 싸움뿐이다. 뱀 두 마리는 주위에 있는 것을 전부 먹어 치운 다음 서로를 공격해 집어삼키고, 결국 그 자리에는 두 개의 꼬리만 남는다.

사람으로서 사람답게 말하라

일반 사람뿐 아니라 교양 있는 사람들도 이런 당혹스러운 상황이니 사실상 대부분이 그렇다고 봐야 한다. 정치, 금융, 사업, 심지어 과학, 예술, 문학, 종교 등 어느 분야에나 배후를 조종하는 끈과 속임수가 있다. 외부용 진실과 내막을 아는 사람을 위한 진실이 따로 있다. 그래서 모든 사람이 속는다. 한 가지 기교는 부릴 줄 알아도 모든 기교를 다 부릴 수는 없는 노릇이므로, 다른 사람을 감쪽같이 속이는 이들도 막상 타인의 진실에 의존해야 할 때가 오면 속고 만다.

이런 행태 때문에 사람의 말은 가치가 떨어진다. 일단, 말을 천박한 도구로 다루는 사람들이 보기에는 어떤 말도 천하게 느껴진다. 논쟁꾼, 트집의 대가, 궤변가, 무조건 자기가 옳다거나 자기 이득만 추구할 목적으로 말하는 사람들에게 이제는 존중할 만한 말이란 없다. 이 때문에 이들이 받는 벌은 자신이 따르는 원칙에 따라 타인을 판단해야만 하는 것, 즉 진실이 아니라 자신에게 이득이 되는 것을 말한다. 이들은 아무도 진지하게 여길 수 없다. 글을 쓰고 말하고 가르치는 사람에게는 너무나 애석한 일이다. 자기 말을 듣고 자기 글을 읽는 사람들에게 이런 마음으로 다가서려면 이들을 얼마나 무시해야 할까.

정직한 마음을 조금이라도 간직한 사람이 보기에,
글이나 말로 곡예하는 사람들이
아직 다른 사람의 말을 신뢰하는
몇몇 정직한 사람을 속이려는
조소 어린 차가운 태도만큼 불쾌한 것은 없다.

한편에는 전적인 믿음, 진실함, 더 알고자 하는 욕망이 있고, 다른 한편에는 대중을 우롱하는 교활함이 있다.

거짓말쟁이는 자기가 얼마나 착각하고 있는지 모른다. 그는 믿음이라는 자산을 먹고 사는데, 대중의 신뢰는 더없이 강하다. 아울러 대중이 배신당했다고 느끼자마자 갖는 경계심도 그만큼 강하다.

대중은 단순함을 이용하는 사람들을 얼마간 따를 수 있다. 그러나 호의적이던 그들의 마음은 이내 적대적으로 바뀐다. 활짝 열려 있던 대중은 냉담한 얼굴을 보이고, 주의를 기울이던 귀는 닫히고 만다. 그런데 아쉽게도 그 귀는 나쁜 것뿐 아니라 좋은 것에 대해서도 닫힌다. 이것이야말로 사람의 말을 왜곡하고 천하게 하는 이들이 저지르는 죄다.

이들은 전반적인 신뢰를 뒤흔든다. 우리는 돈의 가치나 금리 하락, 파산을 재앙으로 여기지만, 사실 이보다 더 큰 불행은 믿음을 상실하는 것이다. 정직한 사람들이 서로에게 내어주던, 그래서 말이 진정한 화폐로써 사람들 사이를 돌아다니게 하는 이 도덕적 신용의 상실 말이다. 위조지폐 제조자와 투기꾼, 부패한 금융가 들은 사라져야 한다. 이들은 정직한 돈마저도 의심하게 하기 때문이다. 거짓된 글과 말을 제조하는 이들도 사라져야 한다. 이들은 그 무엇도, 그 누구도 더는 믿지 못하게 하고, 말과 글의 가치를 한낱 위조지폐 수준으로 떨어뜨리기 때문이다.

이로써 우리가 모두 자신을 단속하고, 말을 조심하고, 자기가 쓰는 글을 살피고, 단순함을 열망하는 일이 얼마나 시급한지 알 수 있다. 뜻을 곡해하지 말고, 장황한 완곡어법이나 고의적인 침묵, 회피적 언사는 그만두자. 이는 혼란을 불러일으킬 뿐이다. 온전한 사람이 되고, 온전한 사람으로서 말하라. 한 시간의 진실함은 수년간의 교활함보다 세상의 안녕과 평화에 더 도움이 된다.

화려함으로 가릴 수 없는 것

이제 온 나라에서 퍼져 있는 어떤 나쁜 습관에 대해 한마디 하려 한다. 문체를 과시하는 일과 말에 지나치게 집착하는 사람들에게 전하는 말이다.

물론 우아한 말이나 섬세한 독서를 음미하는 사람을 탓해서는 안 된다. 해야 할 말은 아무리 잘해도 충분하지 않을 것이다. 그러나 말로 아주 잘 표현하고 글로 아주 잘 쓴다는 것이 멋스럽게 말하고 쓴다는 뜻은 아니다. 말은 사실에 근거해야 하지, 사실을 대신하는 미사여구로 사실을 잊어버리게 해서는 안 된다. 위대한 것은 단순하게 말하는 것이다. 그래야 본모습 그대로 드러나기 때문이다.

화려한 연설로 그 위에 베일을 드리우지 말라. 심지어 그것이 투명한 베일일지라도. 진실을 죽이게 마련인 작가와 연사의 허영심이라는 그늘도 드리워서는 안 된다.

단순함처럼 강하고 설득력 있는 것은 없다. 신성한 감정, 비정한 고통, 위대한 헌신, 강한 열정은 화려하게 쓴 장황한 글보다 단 한 번의 시선, 몸짓, 외침으로 더 잘 전달된다. 인류가 품고 있는 가장 소중한 것은 단순한 방식으로 표현된다.

설득하려면 진실해야 하고,
때로는 지나치게 숙련된 말로 표현하거나
큰 소리로 부르짖을 때보다
단순한 말, 몹시 아픈 사람의 입에서 나오는
말 한마디가 더욱 잘 전달된다.

이 원칙은 살면서 매일매일 우리 모두에게 적용된다. 이 원칙을 끊임없이 지킨다면, 살아가면서 도덕적 측면에서 얼마나 큰 덕을 볼지 아무도 상상하지 못할 것이다. 자신의 느낌과 신념을 특히 대중 앞에서 표현할 때, 진실하고 간소하고 단순해져라. 절대 과장하지 말고 마음속에 있는 것을 충실하게 표현하라. 그리고 무엇보다 우리 자신을 잊지 말라. 이것이 핵심이다.

장황한 미사여구가 위험한 이유는, 이런 말이 자기만의 생명력을 지니기 때문이다. 장황한 미사여구는, 자신의 직위는 그대로 지니지만 제 기능을 더는 수행하지 못하는 고상한 하인이다. 왕을 에워싼 신하들 중에서 그 예를 찾아볼 수 있다. 당신은 말을 잘했고 글을 잘 썼다. 그러면 그걸로 되었다, 충분하다는 것이다.

단순하게 말하라

얼마나 많은 사람이 말하는 것으로 만족하고, 말을 했으니 행동하지 않아도 된다고 믿었는가. 그리고 그 사람의 말을 들은 이들은 그런 말을 들은 것으로 만족한다. 그래서 결국 삶은 유창한 몇몇 연설, 미사여구로 뒤덮인 책 몇 권, 멋진 연극 몇 편으로만 이루어진다. 그토록 훌륭하게 제시된 것을 실천할 생각을 하는 사람은 거의 없다.

사회는 어떤가? 온통 혼잡한 가운데 우리는 말하기 위해, 그리고 말하는 것을 듣기 위해 존재한다고 생각하는 다양한 사람들이 우글거리는 모습을 볼 것이다. 수다스러운 이들, 울부짖고 떠벌리고 거드름을 피우며 말하고, 그래 놓고도 아직도 충분히 말하지 못했다고 생각하는 온갖 사람들이 뒤엉켜 거대하고 절망스러운 덩어리를 이룬 모습을 말이다. 이들은 하나같이 가장 조용한 사람이 가장 많은 일을 해낸다는 사실을 잊고 있다.

요란한 소리를 내느라 증기를 모조리 내뿜는 기계에는 바퀴를 굴릴 만한 증기가 남아 있지 않은 법이다. 그러므로 침묵하는 법을 배우라. 침묵한 만큼 당신의 힘은 커질 것이다.

그 말 때문에 누군가 울고 있다

이런 생각을 하다 보면 다른 주제로 자연스레 넘어갈 것이다. 언어의 과장법이 그것이다. 이는 충분히 주의를 기울여 다룰 만한 주제다.

한 나라의 사람들이라도 각기 기질이 다르고, 이것은 언어에서 드러난다. 어느 지방 사람들은 침착하고 차분한 편이라서 축소된 표현을 사용하고 용어도 완곡하다. 다른 지방 사람들은 기질이 균형 잡혀 하는 말이 적절하고 사안에 정확히 들어맞는다. 그러나 더 먼 고장에서는 다혈질이라 걸핏하면 화를 내고 표현도 과격하다. 과장된 표현이 곳곳에서 사용되고 아주 단순한 말을 하면서도 강한 용어를 사용한다.

풍토에 따라 언어 표현법이 다르기도 하지만, 시대에 따라 달라지기도 한다. 요즘 사용하는 말투나 어법을 역사상 다른 시기와 비교해 보라. 정치 사회적인 큰 변혁 이전에는 그와 다르게 말했고, 이전 세기를 산 사람과 이후 세기를 사는 사람은 같은 방식으로 말하지 않았다.

일반적으로, 요즘 사용하는 말은 예전보다 간소해진 것처럼 보인다. 우리는 가발을 쓰지 않고, 글을 쓸 때 레이스 커프스도 착용하지 않는다. 그러나 우리 조상들과 구별되는 한 가지 특징이 있다. 신경과민 현상이 그것으로, 이 때문에 우리는 과장해서 말한다.

말은 신경이 얼마간 병적으로 흥분한 사람에게는 정상적인 사람과 똑같은 영향을 미치지 않는다. 그리고 반대로, 과민한 사람은 자기가 느끼는 것을 표현할 때 단순한 말로는 만족하지 못한다. 일상과 공공의 삶에서, 문학과 연극에서 차분하고 간결한 언어는 사라지고 극단적인 언어가 자리 잡았다. 소설가와 배우가 대중을 감동시키고 주의를 끌기 위해 사용하던 언어가 오늘날 우리의 일상적인 대화나 편지글, 특히 논쟁에서 보편적으로 사용되기에 이르렀다.

이런 언어 사용은 아버지 세대의 글과 비교해 보았을 때 우리의 글 쓰는 방식에서도 마찬가지로 나타난다. 사람들은 이것이 쇠로 된 펜을 사용하기 때문이라고들 하는데, 이 말이 사실이라면 얼마나 좋을까.

"그렇다면 거위 깃털 펜을 사용하면 되겠네요."

해악은 이보다 훨씬 더 뿌리 깊어 우리 마음속에 있다. 우리가 쓰는 글은 지나치게 흥분해 있고 불안하다. 이것은 혼란스럽고 복잡한 삶의 결과 중 하나이고, 이런 삶으로 인해 우리는 엄청난 에너지를 허비하고 있다. 그런 삶은 우리를 조급하고 숨 가쁘게 하고 끝없는 동요에 빠뜨린다. 우리의 말과 언어에서도 이것이 느껴지며, 우리 모습이 그대로 드러난다.

말투와 어법을 과장하는
이런 습관에서 무슨 좋은 것이 나올 수 있겠는가.
느끼는 것을 충실하게 표현하지 못하고 과장하면
다른 사람들과 우리 자신의 마음을
왜곡할 수밖에 없다.

과장하는 사람들은 더는 서로 이해할 수 없다. 서로 성질을 돋우고, 논의는 과격하고 비생산적이게 되며, 판단은 성급하고 무절제해지고, 교육과 사회관계에는 극단주의가 난무한다. 이것이 언어의 과장으로 빚어진 결과다.

화려하다고 뜻마저 화려할까

단순하게 말하라고 호소하면서 한 가지 소원을 덧붙이고
자 한다. 이 소원이 이루어진다면 더없이 행복한 일들이 따를
것이다. 나는 문학이 단순해졌으면 한다. 그러면 문학은 무감
각해지고 혹사당하며 과도함으로 인해 지친 우리 영혼에 더없
이 좋은 치료제가 될 뿐 아니라 확실한 사회 통합을 이룰 것이
다. 예술도 단순해지기를 바란다.

지금 우리의 예술과 문학은 재산과 교육에서 특권을 지닌
이들만 누릴 수 있다. 내 말에 오해가 없길 바란다. 나는 시인
이나 소설가, 화가더러 높은 곳에서 내려와 언덕 중턱쯤을 걸
어가며 시시한 것에 만족하라는 뜻이 아니다. 오히려 더 높이
올라가라고 요구하는 것이다. 대중적이라는 말은 서민이라는
특정 사회 계층에 걸맞은 것을 뜻하지 않는다. 모든 사람에게
공통되고 이들을 한데 묶는 것이 대중적이다.

단순한 예술을 탄생하게 하는 영감은
마음 깊숙한 곳에, 그리고 그 앞에서
우리 모두 동등한 삶을 누리는 현실 속에 있다.
대중적인 언어는
인간 운명의 기본적인 느낌과 핵심을 표현하는
단순하고 강력한 몇몇 언어 중에서 찾아야 한다.

여기에 진실과 힘, 위대함, 불멸이 있다. 이런 이상이야말로 젊은이의 열정을 불태울 수 있지 않을까. 젊은이들은 자기 안에서 아름다움이라는 성스러운 불꽃이 타오르는 것을 느끼며 연민을 이해하고, "무지한 대중을 증오한다"라는 거만한 격언보다 "저 사람들이 가엾구나"라는 인간적인 말을 더 좋아한다.

나는 예술에 대해 말할 그 어떤 권위도 없지만, 대중 속에서 살아가는 사람으로서 재능을 받은 이들을 향해 다음과 같이 외칠 권리가 있다.

"잊힌 사람들을 위해 일하시오. 보잘것없는 사람들도 이해할 수 있도록 하시오."

이렇게 하면 해방과 평화를 이루는 데 보탬이 될 것이다. 이는 저 옛날 거장들이 영감을 길어 올리던 원천의 문을 다시 열어젖히는 일이리라. 거장의 창작물은 세월이 지나도 그대로 남는다. 이것은 이들이 천재성에 단순함이라는 옷을 입힐 줄 알았기 때문이다.

많은 일에 관여하면서 정작 챙겨야 할 일은 챙기지 않는다. 자신과 관계없는
일을 챙기고, 자기 자리에 있지 않고, 자기 직업을 무시한다. 그래서 삶이 혼
란스러워진다. 자기가 챙겨야 할 일을 하면 모든 것이 단순해질 텐데.

작지만 모두를 위한 걸음

우리가 설 자리는 우리 곁에 있는 공간이다. 이를 게을리 하면 먼 곳에서 들이는 모든 노력은 허사가 될 수 있다. 내 나라, 도시, 집안, 직장을 챙겨라. 그런 다음에 더 멀리 나아가라. 이것이 단순하고 자연스러운 행보다.

언제까지 핑계를 댈 것인가

어린아이한테 곤란한 주제를 이야기하면, 아이는 저 멀리 지붕 위에서 새끼에게 먹이를 주는 새를 가리키거나, 저쪽 길에서 뛰노는 아이들을 가리켜 보인다. 또 어떤 때는 영악하게도 부모를 곤란하게 하는 심오한 질문을 던지기도 한다. 아이가 이렇게 하는 것은 고통스러운 주제로부터 주의를 돌리기 위해서다. 그런데 우리도 자신과 연관된 의무를 마주하면 이를 생각하지 않으려고 여러 핑계를 찾아 헤매는 어린아이가 아닌가 싶다.

가장 흔한 핑계는 어떤 의무가 일반적으로 존재하는지, 아니면 우리 선조들이 지닌 여러 환상들 가운데 하나에 불과한지 의문을 품는 것이다. 의무란 자유를 전제로 하는데, 자유라는 문제를 캐다 보면 형이상학적인 영역에 이르기 때문이다. 자유의지라는 중대한 문제가 해결되지 않았는데 어떻게 의무를 이야기할 수 있겠는가. 이론적으로는 여기에 반박할 근거가 없다. 삶이 이론이라면, 우리가 우주 만물의 완벽한 체계를 정립하기 위해 살아간다면, 자유를 증명하고 그 조건과 한계를 정하기 전에 의무라는 주제를 다루는 것은 터무니없는 일일 테다.

그러나 삶은 이론이 아니다. 다른 모든 점에서와 마찬가지로 실천 윤리라는 면에서 삶은 이론을 앞서가며, 앞으로도 삶이 이론에 자리를 내줄 일은 결코 없을 것이다. 우리가 아는 다른 모든 것과 마찬가지로 이 상대적인 자유, 그리고 과연 존재하는지 우리가 의심하는 이 의무는, 이런 의심에도 불구하고 우리가 우리 자신과 다른 사람에 대해 내리는 모든 판단의 기초를 이룬다. 우리는 서로가 자신의 행적에 어느 정도까지는 책임이 있다고 여긴다.

가장 광적인 이론가라도 자기 이론에서 벗어난 주제에는 아무 거리낌 없이 타인의 행위를 칭찬하거나 비난하고, 적에게 반박하는 논거를 글로 적으며, 다른 사람들이 부적절한 활동을 하지 못하도록 설득하기 위해 그들의 너그러움과 정의에 호소한다.

우리는 시간과 공간 개념을 벗어던질 수 없는 것처럼 도덕적 의무도 벗어던질 수 없다. 우리가 지금 걸어가는 이 공간과 움직일 때 흐르는 이 시간을 정의하기 전에 걸어갈 수밖에 없는 것처럼, 우리는 도덕적 의무의 심오한 근원을 알아내기 전에 이 의무를 이해하고 따라야 한다. 인간이 도덕을 존중하든 어기든 이 원칙은 인간을 지배한다. 매일매일 삶을 보라. 누구라도 자신에게 주어진 명백한 의무를 다하지 않는 사람을 나무랄 것이다. 이 사람이 자기가 아직 철학적인 확신에 이르지 못했다고 주장해도, 사람들은 당연히 그에게 이렇게 말할 것이다.

> "이보세요, 우리는 무엇보다 인간입니다.
> 일단 자기한테 주어진 일을 하세요.
> 시민으로서, 아버지로서, 그리고 아들로서
> 당신이 마땅히 해야 할 일을 다 한 다음에
> 하던 생각을 계속하십시오."

오해가 없기를 바란다. 철학을 탐구하고 윤리의 근원을 연구하지 말라는 뜻이 아니다. 이런 중대한 문제를 탐구하는 것은 필요 없거나 하찮은 일이 아니다. 나는 단지 생각에만 잠겨 있는 이들에게 인간적인 행동, 정직하기 위해 부정직한 행위, 용기 있거나 비겁한 행동을 하기 위해 그 근본 원리를 알아낼 때까지 기다릴 수는 없다고 말하는 것뿐이다.

무엇보다 한 번도 철학자가 아니었던 꾀바른 사람에게, 그리고 실천하지 못하는 것을 정당화하려고 철학적 의구심을 핑계로 드는 우리 자신에게 반박할 논거를 하나 들려주고자 한다. 우리는 당연히 사람이므로, 의무에 대해 긍정적이거나 부정적인 어떤 이론을 들기에 앞서 사람으로서 처신하는 것을 흔들리지 않는 원칙으로 삼아야 한다. 여기에서 벗어날 수는 없다.

이런 대답으로 충분하다고 생각하는 것은 인간의 마음이 얼마나 다채로운지를 모르기 때문일 것이다. 이런 대답이 아무리 반박의 여지가 없다 해도 다른 의문이 생기기 마련이다.

우리가 의무에서 벗어나려고 드는 핑계를 전부 합하면 해변의 모래나 하늘의 별만큼 많을 테니까.

의무를 다하는 사람으로서 자신이 가는 길을 의심하고, 어둠 속에서 길을 찾으려 하고, 서로 다른 의무가 상충하는 가운데 갈등하고, 우리 힘을 넘어서는 거대하고 막중한 의무를 마주할 때, 이보다 더 힘든 일이 뭐가 있겠는가. 누구나 외면하거나 회피하고 싶어할 것이다.

그런데 이런 일들은 실제로 일어난다. 나는 비극적인 사건과 극도로 비통한 삶이 있다는 사실을 부인하거나 반박하려는 것이 아니다. 이런 극도의 갈등 상황으로 의무에 관한 문제가 드러나고 마음속에서 번개처럼 난데없이 내리치는 일은 드물다. 이토록 엄청난 혼란은 예외적이다.

이런 일이 벌어질 때 우리가 잘 버텨내면 다행이다. 그러나 돌풍 때문에 떡갈나무의 뿌리가 뽑히거나, 밤에 모르는 길을 걷던 사람이 넘어질 뻔하거나, 협공 당한 병사가 패배했을 때 아무도 놀라지 않듯이, 인간의 능력을 넘어선 심각한 도덕적 갈등에서 패배한 사람을 가차 없이 비난할 사람은 아무도 없을 것이다. 너무 많은 장애 앞에서 굴복한 것은 결코 부끄러운 일이 아니다.

나는 모호하고 복잡하고 모순되는 의무라는 난공불락의 성벽 뒤에 몸을 숨긴 사람에게도 무기를 내어 줄 생각이다. 그러나 지금 내가 다루는 것은 이런 어려운 의무가 아니다. 나는 단순한 의무, 지키기 쉽다고까지 할 수 있는 의무에 대해 말하고자 한다.

지금 할 수 있다면 그것을 하라

우리는 일 년에 서너 번 성대한 축제를 치르고, 무수한 날은 평범하게 보낸다. 마찬가지로 우리에게는 치러야 할 몇 가지 아주 크고 어두운 싸움이 있다. 그 옆에는 단순하고 명백한 의무가 무수히 많다. 커다란 행사에서 우리의 태도는 대체로 만족스러운 데 반해, 우리가 약해지는 것은 평범한 날들이다.

나는 내 생각이 역설적으로 표현되는 것을 두려워하지 않고 다음과 같이 선언하겠다.

"핵심은 단순한 의무를 행하는 것,
기본적인 정의를 연습하는 것이다."

보통 사람들은 어려운 의무나 불가능한 일을 해내지 못해서가 아니라 단순한 의무를 게을리 하기 때문에 영혼을 잃는다.

예를 들어 이 진실을 살펴보자. 일반인들에게 파고들어 이들을 이해하려는 사람은 이내 물질적, 도덕적으로 엄청난 어려움에 부딪힌다. 가까이에서 들여다볼수록 더 많은 상처를 입고, 결국 극빈층의 세계가 광대하고 어두운 우주처럼 느껴져, 한 개인으로서 이런 상황을 개선할 방법이 없는 것처럼 보인다. 빨리 달려가서 도와주고 싶으면서도 동시에 스스로 묻는다.

'이게 대체 무슨 소용인가?'

물론 이는 극단적인 경우다. 어떤 사람들은 절망하며 아무 일도 하지 않는 채 이 상황에 대처한다. 그래서 아무런 결실도 보지 못하는데, 그렇다고 이들에게 연민이나 좋은 의도가 없는 것은 아니다. 이들은 잘못하고 있다. 대부분의 사람들은 큰 선행을 실천할 능력이 없지만, 그것이 작은 선행을 게을리할 이유는 되지 못한다.

해야 할 일이 너무 많기 때문에
아무것도 하지 않아도 된다고
생각하는 사람이 너무나 많다.
이들은 단순한 의무가 무엇인지 다시 생각해야 한다.

이 단순한 의무가 우리의 관심사다. 우리는 모두 각기 자기가 지닌 자원과 형편, 능력에 따라 불우한 환경에 놓인 이들과 관계를 맺어야 한다. 어떤 사람은 약간의 열의만 지니고도 고위 공직자와 친분을 맺거나 국가원수를 둘러싼 집단에 파고

드는 데 성공한다. 그렇다면 가난한 사람들과 관계를 맺고 생필품이 부족한 이들과 친분을 맺지 못할 이유가 뭐란 말인가.

몇몇 가족을 만나 그들의 지난 일과 형편을 듣고 그들의 어려움을 알고 나면, 당신은 자신이 할 수 있는 일을 간단하지만 절실하게 행하고, 용기를 북돋아 주거나 물질적으로 도와 형제애를 실천함으로써 그들에게 큰 도움이 될 것이다.

당신은 사실 아주 작은 일만 했을 뿐이다. 그러나 할 수 있는 일을 했고, 어쩌면 다른 누군가도 그렇게 하도록 인도했을지 모른다. 이렇게 행동함으로써 당신은 사회에 가난과 어두운 증오, 불화와 악덕이 만연해 있다고 넘겨 버리는 대신, 사회에서 조금이나마 선행을 실천한다. 그리고 당신이 실천한 것과 같은 선한 의도가 많아질수록 선은 현저히 늘어나고 악은 줄어들 것이다. 만일 당신 혼자만 그런 일을 했다 하더라도 당신은 사리에 맞는 유일한 일, 당신에게 주어진 기본적인 의무를 실행했다고 증언할 수 있으리라.

당신은 이렇게 함으로써 온전한 삶의 비밀 중 하나를 더 발견한 셈이다.

그것이 아무리 작은 일이라도

인류는 광대한 전체를 이루고자 꿈꾸지만, 이런 위대한 일을 할 기회는 좀처럼 주어지지 않고, 설령 기회가 주어진다 해도 빠르고 확실하게 성공하려면 끈기 있는 준비가 필요한 법이다. 작은 일들을 충실히 행하는 것은 모든 위대한 일을 이루는 기초다.

우리는 이 사실을 자주 잊는데, 이것이야말로 알아야 할 단 하나의 진실이고, 힘겨운 시대, 고통스러운 시기를 살아갈수록 더 더욱 그렇다. 난파를 당하면 들보나 노, 널빤지 조각 하나에도 매달려 살아남는다. 요동치는 삶의 파도 위에서 모든 것이 산산이 조각난 것처럼 보일 때, 이 보잘것없는 조각 중 단 하나가 우리를 구원하는 널빤지가 될 수 있다는 사실을 잊지 말자. 남은 잔해를 무시하면 살아갈 의지를 영영 잃고 만다.

당신이 파산했거나, 가까운 사람이 갑자기 세상을 떠났거나, 오랫동안 열심히 일한 결과가 눈앞에서 사라졌다. 재산을 되돌려 놓을 수도, 죽은 이를 살릴 수도, 허사가 된 노력을 보상받는 일도 불가능하다. 돌이킬 수 없는 이런 상황 앞에서 당신은 기운이 빠진다. 그러면 몸을 단장하고, 집안을 정돈하고, 자녀를 돌보는 일을 게을리 한다. 이는 용서할 수 있고 충분히 이해할 만한 일이다. 하지만, 이는 몹시 위험하기도 하다. 태만은 나쁜 상황을 더 나쁘게 한다. 당신은 더는 잃을 것이 없다고 믿지만, 태만하면 그나마 남은 것마저 잃고 만다.

재산 중에서 남은 조각을 긁어모으고, 약간 남은 것들을 소중히 간직하라. 그러면 조만간 이 얼마 안 되는 것들에서 위안을 얻으리라. 노력을 들이면 그만큼 보상을 받고, 노력을 게을리 하면 그 대가를 치른다. 나뭇가지 하나가 남았으면 거기에 매달리고, 어떤 명분을 지키려다 패배해서 홀로 남았다면 도망치는 사람들을 따라가느라 무기를 내던지지 말라. 홍수가 지나간 다음에는 홀로 남은 사람이 이 땅을 다시 사람들로 가득 차게 한다. 목숨이 한 가닥 희망에 달려 있을 때가 있는 것처럼 미래는 가끔 고립된 한 사람에 달려 있기도 하다.

지난 이들의 삶과 자연에서 영감을 얻어라. 이 둘은 그 힘겨운 진화 과정을 본보기로 삼아 큰 재앙이나 성공이 모두 아주 작은 계기로 생겨날 수 있고, 작은 것을 소홀히 하는 일은 현명하지 못하며, 기다렸다가 다시 시작할 줄 알아야 한다고 가르쳐 줄 것이다.

자기 군대가 졌다고 옷을 솔질하지 않고, 총을 닦지 않고, 규율을 지키지 않는 사람은 병사로서 자신의 의무를 제대로 이해하지 못한 것이다.

"그렇게 하는 게 다 무슨 소용입니까?"

당신은 이렇게 말할지 모른다.

"무슨 소용이냐고?"

지는 방법에도 여러 가지가 있지 않던가. 패배라는 불행에
낙담과 무질서, 허둥지둥 달아나는 일까지 더하는 것이 아무
것도 아닐까? 그렇지 않다.

이런 처참한 순간에 기운을 내 해내는 것은
그것이 아무리 작은 일이라도
한밤중의 빛과 같다는 사실을
절대로 잊어서는 안 된다.
이것은 삶과 희망의 신호다.

누구나 이렇게 행동하고 나면 자신이 모든 것을 다 잃은
것은 아니라는 사실을 깨닫는다.

한겨울, 나폴레옹 1세의 군대가 절망적으로 후퇴하며 제대
로 된 복장을 갖추기도 불가능한 상황에서 어느 날 아침 한 장
군이 면도를 깔끔히 하고 훌륭한 제복 차림으로 황제 앞에 나
타났다. 전투에서 지고 한창 달아나는 와중인데도 열병식에
참여하듯 공들여 매무새를 갖춘 그를 보고 황제는 말했다.

"장군, 당신은 정말 훌륭한 사람이오!"

사소하게 보이지만 모두에게 절실한

단순한 의무는 가까운 사람에 대한 의무이기도 하다. 자기와 아주 가까운 것에는 관심을 두지 않기가 일쑤인데 이는 큰 잘못이다. 사람들은 가까이 있는 것을 시시하다고 여긴다. 반면에 멀리 있는 것에는 이끌리고 매료된다. 그래서 엄청난 양의 선의를 불필요하게 허비하고 만다. 우리는 저 멀리 지평선 끝에 있는 멋진 것에 매료되어 거기에 시선을 고정한 채 인류나 공공의 선, 저 멀리에서 벌어지는 불행에 열을 올리는데, 그러면서 자기도 모른 채 옆 사람의 발을 밟거나 그들을 팔꿈치로 밀친다.

옆에 있는 사람들을 보지 못한다는 것은 특이한 병이다. 독서를 폭넓게 하고 멀리까지 여행을 다녀왔으면서도 정작 자기 주변의 크고 작은 사람들은 알지 못하는 경우가 많다. 이들은 자기가 전혀 관심을 두지 않는 많은 사람의 도움을 받으며 살아간다. 자기에게 정보를 주는 사람, 자기를 가르치는 사람, 통치하는 사람, 수발하는 사람, 자기에게 물건을 배달하는 사람, 먹을 것을 주는 사람에게 그들은 전혀 관심이 없다. 자신의 직공과 하인들, 그리고 자신과 꼭 필요한 사회관계를 맺고 사는 사람들을 모르는 것은 감사할 줄 모르는 부주의한 일로, 이들은 이런 생각조차 전혀 하지 못한다.

이보다 더 심한 경우도 있다. 아내가 자기 남편을 알지 못하고, 남편도 아내를 알지 못하는 경우다. 또한 어떤 부모는 자기 자녀를 모른다. 자녀의 발달, 생각, 처한 위험, 자녀가 키우는 희망은 부모에게 닫힌 책과 같다.

많은 자녀도 부모를 모른다.
부모의 고통과 노력을 상상도 해본 적 없고,
부모의 의도를 조금이나마 헤아려 본 적도 없다.

그런데 이것은 관계가 온통 엉망인 불우한 가정이 아니라 선량한 사람들이 이루는 좋은 가정의 이야기다. 모두 나름대로 정신이 팔렸을 뿐이다.

먼 곳에 신경 쓰느라 온 시간을 보낸다. 멀리 있는 의무는 매력적이라 이것에 온통 정신이 팔려 가까운 의무를 깨닫지도 못한다. 그런데 이들이 이렇게 들이는 노력이 헛수고가 될 우려가 있다.

사람이 활동해야 할 자리는 그 사람 가까이에 있는 의무의 공간이다. 이 기본을 게을리 하면 결국 먼 곳에서 들이는 모든 노력은 허사가 될 위험이 있다. 그러므로 먼저 당신의 나라, 도시, 집안, 직장을 챙겨라. 그런 다음에 할 수 있다면 더 멀리 나아가라. 이것이 단순하고 자연스러운 행보다. 그런데 사람들은 큰 희생을 감수하며 나쁜 이유를 들어 이와 반대로 나아간다.

이렇게 이상한 방식으로 의무를 혼동한 결과, 어떤 사람은 엄청나게 많은 일에 관여하면서 정작 자기가 의무로서 반드시 챙겨야 할 일은 챙기지 않는다. 모두 자신과 관계없는 일을 챙기고, 자기 자리에 있지 않고, 자기 직업을 무시한다. 그래서 삶이 복잡해지고 혼란스러워지는 것이다. 각자 자기가 챙겨야 할 일을 하면 모든 것이 너무도 단순할 텐데.

남 일이라고 외면할 수 있을까

다른 형태의 단순한 의무가 있다. 무엇인가 손상되었을 때, 그것을 누가 바로잡는가?

"훼손한 사람이죠."

이는 정당하지만, 이론에 불과하다. 그리고 이 이론을 따른다면, 해를 끼친 사람을 찾아내어 그 사람이 손상된 것을 바로잡을 때까지 나쁜 상황을 그대로 두어야 할 것이다. 그렇게 한 사람을 찾아내지 못한다면? 또는 그 사람이 손상된 것을 바로잡을 수 없거나 그러고 싶어하지 않는다면?

기와가 깨져 머리 위로 물이 새거나, 유리창이 깨져 집으로 바람이 들어온다. 당신은 기와나 유리창을 깬 사람을 찾아낼 때까지 기다렸다가 지붕 고치는 사람이나 유리 끼우는 일꾼을 부르겠는가? 당신은 말도 안 된다고 할 것이다. 아닌가? 이런 일은 다반사다. 아이들은 분노하며 이렇게 외친다.

"이 물건을 던진 건 내가 아니야. 그런데 내가 왜 주워!"

사람들 대부분이 이렇게 생각한다. 이는 논리적이지만 세상을 돌아가게 하는 것은 이런 논리가 아니다.

우리가 명심해야 하고
삶이 매일 반복해서 들려주는 사실은,
누군가가 일으킨 해는
다른 사람에 의해 복구된다는 사실이다.

어떤 사람은 파괴하고, 다른 사람은 쌓아 올린다. 어떤 사람이 더럽히면 다른 사람이 청소한다. 어떤 사람이 다툼을 부추기면 다른 사람이 상황을 진정시킨다. 어떤 사람은 눈물을 흘리게 하고, 다른 사람은 위로한다. 어떤 이들은 부정행위를 하고, 다른 이들은 정의를 위해 죽는다. 이 고통스러운 원칙을 따라야 평화가 온다. 이 또한 논리적인데, 이는 현실의 논리로써 그 앞에서 이론적인 논리는 빛을 잃는다.

여기에서 내려지는 결론은 분명하고, 단순한 마음을 지닌 사람은 이렇게 결론을 내린다. 피해가 생겼으면 가장 중요한 점은 그 피해를 복구하는 것, 그것도 당장 복구를 시작하는 것이라고. 피해를 준 사람이 복구하는 데 참여한다면 좋겠지만, 경험에 따르면 이들을 너무 믿어서는 안 된다.

한 사람의 걸음이 세상을 바꾼다

아무리 단순한 의무라도, 이것을 실천할 힘이 있어야 한다. 이 힘은 대체 무엇이고 어디에서 나오는가? 이에 대해서는 아무리 말해도 끝이 없을 것이다.

바깥에서 요구되고 주어지는 의무처럼 골치 아프고 성가신 적으로 느껴지는 것은 없다. 의무가 문으로 들어오면 사람은 창문으로 빠져나가고, 의무가 창문을 가로막으면 사람은 지붕으로 도망친다. 의무가 다가오는 것이 잘 보이면 보일수록 우리는 확실하게 그 의무를 피한다. 의무는 공권력과 공공의 정의를 대표하는 경찰과 같은데, 꾀바른 사기꾼은 항상 그 손아귀를 빠져나간다.

경찰이 사기꾼의 덜미를 잡는 데 성공한다 해도, 잘해야 그를 경찰서로 데려다 놓을 수 있을 뿐 그를 올바른 길로 가게 할 수는 없다. 사람이 자기 의무를 수행하려면 이거 해라 저거

해라, 이거 피해라 저거 피해라 하면서 조심하라고 말하는 것과는 다른 내적인 힘이 필요하다.

이 힘은 사랑이다. 어떤 사람이 자기 직업을 싫어하거나 자기 일을 마지못해 한다면, 지구의 온 힘을 동원한다 해도 그 사람이 일을 열심히 하게 할 수 없다. 그러나 자기 일을 좋아하는 사람은 누가 뭐라 하지 않아도 알아서 한다. 일하라고 강요할 필요가 없을 뿐 아니라 그 일을 하지 못하게 막을 수도 없을 것이다. 모든 사람이 이렇다.

이런 큰 변화는
우리에게 주어진 막연한 운명이 성스럽고
죽지 않는 아름다움을 지녔다고 느꼈을 때 생긴다.

여러 경험을 하면서 삶의 고통과 희망 때문에 삶을 사랑하고, 인간의 비참함과 고귀함 때문에 인간을 사랑하게 되었으며, 마음과 머리, 폐부 깊숙한 곳에서 인간이 되겠다고 결심한 것이다. 그러고 나면 바람이 배의 돛을 밀어붙이듯 미지의 힘에 사로잡혀 연민과 정의로 이끌려 간다.

이 저항할 수 없는 힘에 어쩔 수 없이 떠밀려 가면서 우리는 말한다.

"나는 달리 행동할 수 없고, 이 힘은 나보다 더 강하다."

나이와 환경에 상관없이 사람은 이런 말로써 자신보다 높지만 자신의 마음에 머무르는 어떤 힘을 가리킨다. 그리고 우리 안에 있는 진정으로 고귀한 모든 것은 우리를 넘어서는 이 신비가 드러난 것으로 생각한다. 위대한 감정과 생각, 행동은 모두 이 신비의 영향을 받아서 생긴다. 나무가 자라고 열매를 맺는 것은 땅에서 생명력을 끌어올리고 태양으로부터 빛과 열기를 받았기 때문이다. 자신의 보잘것없는 범위 안에서 무지에 둘러싸여 피할 수 없는 실수를 저지르면서도 진실로 자기 일에 전념한다면 그 사람은 선함에 닿아 있는 것이다.

이 힘은 무한히 다양한 형태로 나타난다. 길들일 수 없는 에너지일 수도, 길가에 버려지고 잊혀 헤매는 어떤 생명을 거두는 연민일 수도, 오랫동안 탐색하고 연구하는 겸허한 끈기일 수도 있다. 이 힘이 건드리는 모든 것에는 독특한 특징이 있어서, 이 힘으로 행동하는 사람은 존재하고 살아가는 것이 이 힘 덕분임을 느낀다. 이들에게 이 힘을 섬기는 것은 행복이요 대가로 받는 상이다.

이들은 자신이 이 힘의 도구가 되는 것으로 만족하며, 자기가 하는 일의 외적인 화려함을 더는 쳐다보지 않는다. 큰 것도 작은 것도 없으며, 행동과 삶의 가치는 오로지 우리를 관통하는 정신에 의해서만 매겨진다는 것을 알기 때문이다.

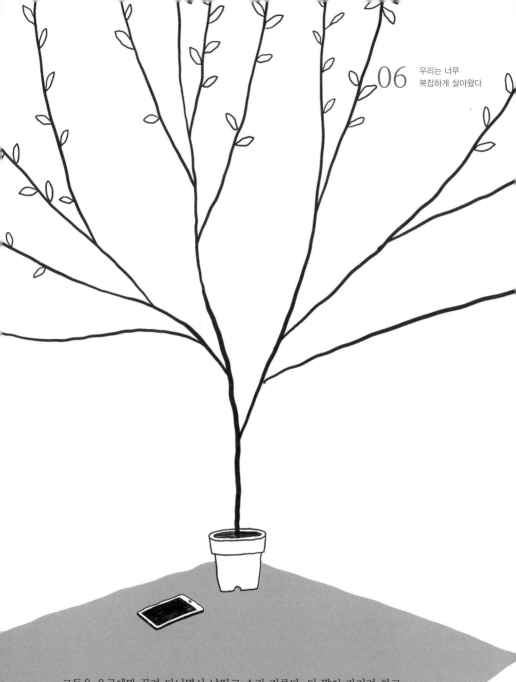

그들은 욕구에만 끌려 다니면서 날뛰고 소리 지른다. 더 많이 가지려 하고,
단순하게 살 수는 없다며 부정한 일까지 저지르곤 한다. 너무 많은 것을 원하
는 것이 얼마나 위험한지 알고 싶다면 교도소 안을 들여다보라.

지금 우리에게
절실한 것

헛된 욕구를 만족시키느라 허비된 돈으로 얼마나 많은 정당한 욕구를 만족시
킬 수 있을까? 욕구가 지배하는 곳에는 연대하는 마음이 없다. 자신을 위한
것이 더 많아질수록 가족과 이웃을 위해 할 수 있는 일은 줄어든다.

살아가기 위해 무엇이 필요할까

정직한 새 장수한테 새를 사면 그는 새한테 무엇이 필요한지 간단히 알려주는데, 위생과 먹이 등에 대한 몇 가지 내용이다. 마찬가지로 대부분의 생명체에게 기본적으로 필요한 것은 간략한 몇 가지 지침으로 충분히 요약된다. 이 건강 관리법이란 보통 아주 단순해서 이것만 따르면 대자연 어머니에게 순종하는 자녀로서 건강하게 살 수 있다.

그런데 여기에서 멀어지면 문제가 생겨서 건강이 상하고 쾌활함이 사라진다. 단순하고 자연스러운 삶만이 생명체를 온전히 생기 있게 유지해준다. 이 기본적인 원칙을 염두에 두지 않으면 우리는 기이한 비정상적인 상태로 빠질 수밖에 없다.

우리가 물질적으로 가능한 한 최상의 조건에서 살아가려면 무엇이 필요할까? 건강에 좋은 음식, 단순한 의복, 위생적인 주거, 공기와 신체 활동이다. 여기에서 위생 상태에 대한 상세한 내용을 다루지는 않겠다. 내 목적은 나아갈 방향을 제시하고 우리 각자가 자기 삶을 단순함의 정신에 따라 조직하면 무엇이 좋아지는지를 설명하는 것이다.

우리 사회에서 단순함의 정신이 충분히 발휘되지 않는다는 사실을 확인하려면, 각 사회 계층의 사람들이 어떻게 살아가는지 보기만 하면 된다.

서로 매우 다른 환경에서 사는 사람들에게
각기 이렇게 물어보라.
"살아가기 위해 무엇이 필요합니까?"
이들의 대답에서 얼마나 많은 것을
깨닫고 배울 수 있는지 모른다.

대도시의 포장도로에 익숙한 사람들이 생각하기에 큰길로 구획된 구역 바깥에서 살기란 불가능하다. 이런 도심에서만 숨쉴 만하고, 빛이 좋고, 기온이 적당하며, 음식이 괜찮다고 생각한다.

중산층 내에서도 형편이 제각각인 사람들은 살아가기 위해 무엇이 필요하냐는 질문에 보통 숫자로 답하는데, 이 숫자는 각자의 야망이나 교육 수준에 따라 다르다. 여기에서 교육은 보통 겉으로 보이는 생활 방식, 즉 주거 방식, 옷을 입고 식사하는 방식 등 피부로 느끼는 교육 수준을 뜻한다. 이들은 어느 수준 이상의 연금이나 이윤, 급여가 있으면 삶은 살아갈 만하고, 그 이하로는 삶이 불가능하다고 생각한다.

재산이 어느 최소 수준 밑으로 내려가서 자살하는 사람이 있다. 이들은 허리띠를 조르며 사느니 차라리 사라지기를 택한다. 이들이 절망한 이유인 이 최소 수준은, 이들보다 욕심이 적은 다른 사람에게는 아마도 충분했을 테고, 이보다 더 검소한 사람에게는 부러워할 만한 수준이었을 거라는 사실에 주목하라.

높은 산지에서는 고도에 따라 식물군이 달라진다. 농경 지대가 있고, 숲지대, 방목 지대, 벌거벗은 바위 지대, 빙하 지대가 있다. 어느 지점부터는 밀이 자라지 않지만 포도나무는 무성히 자라고, 어느 고도부터 떡갈나무는 자라지 않지만 전나무는 상당히 높은 곳에서도 잘 자란다. 욕구를 지닌 인간의 삶도 식물계의 현상과 비슷하다.

재산이 많은 높은 지대에는 금융가, 사교 클럽을 드나드는 사람, 유명인사, 그리고 하인과 수행원, 도시와 시골에 여러 채의 집이 있어야만 하는 사람들이 있다. 좀 더 내려가면 특정한 관습과 행태를 보이는 부유한 중산층이 있다. 다른 지대로 가면 필요의 정도가 서로 다른 사람들, 즉 많이, 보통 또는 조금 부유한 사람들이 있다. 그 아래에는 서민층이 있다. 장인, 일꾼, 농부인 이들은 커다란 식물이 양분을 구할 수 없는 산꼭대기에 난 가느다란 풀처럼 서로 다닥다닥 붙어산다.

우리는 사회에서 이렇게 서로 다른 지대에서 살아가지만, 모두 똑같은 사람이다. 같은 사람인데도 이처럼 서로 욕구가 다르다는 사실은 참 이상하다. 그런데 이 지점에서 사람은 더는 식물과 비슷하지 않다. 같은 군의 식물과 동물은 똑같은 욕구를 지니는데, 우리의 욕구와 본성은 매우 다양하고 유연하다.

욕구의 노예가 되어 버린 날들

우리가 이토록 다양한 욕구를 지녔으며 이를 충족시키려고 애쓴다는 사실이 각 개인의 발전과 행복, 사회의 발전과 행복에 도움이 될까? 일단, 하등 생물과 하던 비교를 이어가 보자.

하등 생물은 기본적인 욕구가 충족되면 만족하며 살아간다. 인간 사회에서도 마찬가지일까? 아니다. 모든 계층에 불만족스러움이 퍼져 있다. 필수적인 욕구도 채우지 못하는 사람들은 여기에 포함되지 않는다. 추위와 배고픔, 가난 때문에 불평할 수밖에 없는 이들을 불만족스러워하는 사람으로 간주하는 것은 부당할 테니까. 여기에서 나는 어쨌거나 견딜 만한 조건에서 살아가는 대다수 사람들만 다룬다.

이들의 불만족은 어디에서 오는 걸까? 어째서 근근이 살아가는 사람뿐 아니라 보다 섬세한 취향을 지닌 사람, 더 나아가 풍족하고 사회의 최상층에서 살아가는 사람도 만족하지 못하는 걸까? 사람들은 흥청망청 배불리 먹고사는 부르주아 계층에 대해 말한다. 누가 말하느냐고? 밖에서 평가 내리면서 이들은 이제껏 실컷 해먹었으니 질렸을 것으로 생각하는 사람들이다. 정말 그들이 만족하고 있을까? 전혀 그렇지 않다. 부유하면서 만족하는 사람이 있다면, 이들은 부유해서 만족하는 것이 아니라 만족하는 법을 알기 때문에 만족하는 것이다.

짐승은 먹었기 때문에 배가 불러 만족하며 엎드려 잠든다. 사람도 얼마간 만족하며 누워 잠잘 수 있다. 그러나 이런 상황은 절대 오래 가지 않는다. 그는 안락함에 익숙해져 이내 권태를 느끼고 더 큰 안락을 원한다. 우리에게 식욕은 음식을 먹으며 가라앉는 것이 아니라 더 생긴다. 이것은 부조리한 것처럼 보이지만 진실이다.

가장 불평하는 사람은
언제나 만족할 이유가 가장 많은
사람이라는 사실을 보면,
행복은 욕구의 많고 적음이나
욕구에 들이는 열의와는 상관 없음을 알 수 있다.

우리는 모두 이 진실을 확신해야 한다. 그러지 않으면, 노력을 기울여 자기 욕구를 자제하지 못하면, 서서히 욕망의 내리막길로 접어들 수 있다.

먹고, 마시고, 잠자고, 입고, 산책하고, 얻을 수 있는 것을 모두 손에 넣기 위해 사는 사람이든, 햇빛 아래 누워 뒹구는 사람이든, 술꾼이든, 식탐에 가득 찬 사람이든, 치장하는 데만 신경 쓰든, 방탕한 사람이든, 아니면 그저 천박한 쾌락주의자이면서 물질적인 욕구를 지나치게 따를 뿐인 멀쩡한 청년이든 이들은 이미 욕망의 내리막길로 접어든 것이고, 이 길은 파멸에 이른다.

이 내리막길을 가는 사람은 기울어진 평면 위를 굴러 내려가는 물체와 똑같은 법칙을 따른다. 이들은 끊임없이 새로 생겨나는 환상의 포로가 되어 이렇게 생각한다.

'갈망을 불러일으키는 저기 저것을 향해 마지막으로 몇 걸음만 더 가자.'

그런 다음 멈춰 서지만 이미 가속도가 붙어 계속 내려갈 수밖에 없다. 내려가면 내려갈수록 그 힘에 저항하기 힘들어진다.

이것이 우리 시대의 많은 사람들이 동요하고 고통받는 이유다. 이들은 자신의 의지가 욕구의 노예가 되도록 내버려 두어 벌을 받는다. 이들은 가차 없는 광폭한 욕망에 내던져진다. 욕망은 이들의 살을 뜯어먹고, 뼈를 으깨고, 피를 마시지만 절대로 만족하지 못한다.

여기에서 나는 현실을 넘어선 추상적인 훈계를 하는 것이 아니다. 삶이 말하는 것을 들으며, 삶의 갈림길에서 어김없이 메아리치는 진실 중 몇 가지를 지적할 뿐이다.

얼마나 더 많아야 행복할까

음주벽은 창의적으로 새로운 술을 체험하게 하지만, 그렇다고 갈증을 해소해 주는가? 아니다. 오히려 음주벽은 갈증을 유지하면서 가라앉힐 수 없게 하는 기술이라 불러야 마땅하다. 방탕함이 감각을 무디게 하는가? 아니다, 오히려 감각을 자극하고, 자연스러운 욕망을 병적인 집착으로 이끈다. 여러분의 욕구가 제멋대로 지배하게 놔두라. 그러면 욕구는 햇볕 아래에서 곤충이 증식하듯 불어날 것이다. 이 욕구들은 우리가 내어주면 줄수록 더 요구한다.

　오로지 물질적인 안락에서 행복을 구하는 것은 몰상식하다. 차라리 밑 빠진 독을 물로 채우겠다고 하는 편이 낫다. 하나를 가진 사람에게는 하나만이 부족하고, 백을 가진 이에게는 백이 부족하다. 또 다른 이들에게는 돈이 있지만 여전히 돈이 부족하다. 닭을 가진 사람은 거위를 바라고, 거위가 있으면 칠면조를 바라며 이렇게 욕구는 끝이 없다. 이런 성향이 얼마나 해로운지는 이루 말로 할 수 없다.

부유한 사람을 모방하려는 서민이 너무 많고, 중산층을 흉내 내려는 이들, 귀족 아가씨를 흉내 내려는 서민 아가씨가 너무나 많으며, 사교 클럽을 출입하며 상류층 행세를 하는 월급쟁이 역시 너무나 많다. 안락하고 부유한 사람들 중에는 온갖 쾌락을 즐기다 결국 자기가 가진 것이 충분하지 않다는 사실을 깨닫는 것 말고, 다른 목적으로 자기 재산이 더 잘 쓰일 수 있다는 사실을 잊는 경우가 허다하다.

하인으로 남아야 할 우리의 욕구는, 소란스럽고 말 듣지 않는 군중이자 무수히 많은 작은 독재자가 되었다. 자기 욕구의 노예가 된 사람은 코에 코뚜레가 달려 끌려 다니며 춤을 출 수밖에 없는 곰과 똑같다. 이런 비유가 썩 기분 좋지는 않지만, 옳다는 사실을 인정할 수밖에 없을 것이다.

사람들은 자기 욕구에 끌려 다니면서
날뛰고 소리 지르며
자유와 진보와 다른, 모를 것들에 대해 말한다.
이들은 자기 주인에게 괜찮냐고 물어보지 않고는
삶에서 단 한 걸음도 나아가지 못할 것이다.

얼마나 많은 남녀가 너무 많은 것을 필요로 하고 단순하게 살 수는 없다는 이유로 결국 부정한 일까지 저질렀는가. 교도소 안에는 너무 많은 것을 원하는 것이 얼마나 위험한지 자세히 말해 줄 사람이 넘친다.

내가 알고 지낸 어떤 성실한 남자 이야기를 하고 싶다. 이 사람은 아내와 자녀를 정말 사랑했다. 그는 일하며 넉넉하게 지낼 정도로 돈을 벌었지만, 사치를 좋아하는 아내는 이런 생활로 만족하지 못했다. 조금만 검소하게 지내면 충분히 잘 살았을 텐데, 항상 돈이 부족하다 보니 결국 이 남자는 가족을 조국에 두고 머나먼 식민지로 일을 하러 떠났고 그곳에서 많은 돈을 벌었다.

이 불행한 남자가 그 먼 곳에서 무슨 생각을 하며 지냈는지는 모르지만, 그의 가족은 멋진 집에서 멋진 옷을 입고 상당한 하인을 거느리고 살고 있다. 그래서 이들은 지금 굉장히 만족하지만 조만간 이런 풍족함에 익숙해져 이는 별것 아니라고 여길 것이다. 그러다 좀 더 시간이 흐르면, 아내는 가구가 보잘것없고 하인이 부족하다고 생각할 것이다. 그러니 이대로 가다가는 아내를 사랑하는 이 남자는 돈을 더 많이 벌기 위해 달까지 이민을 가야 할 것이다.

다른 경우에는 역할이 바뀌어, 아내와 자녀가 가장의 끝없는 욕구에 희생된다. 남자는 불규칙한 생활과 노름, 그밖에 돈이 많이 드는 여러 활동을 하느라 자기 의무를 잊는다. 그는 자신의 욕구와 아버지 역할 중에서 전자를 택했고, 서서히 가장 천박한 이기주의로 빠져든다.

이렇게 모든 존엄을 망각하는 것,
고귀한 감정이 서서히 마비되는 것은

부유한 향락가한테만 생기는 현상이 아니다.

누구나 그럴 수 있다.

　행복하게 잘 살 수 있을 가정의 어머니가 밤낮으로 고통과 슬픔에 빠져 있고, 아이돌은 신발도 없이 제대로 먹지 못하는 경우를 본다. 왜일까? 아버지가 돈을 너무 낭비하기 때문이다.

　지난 이십년간 술 소비에 들어간 돈의 비중이 얼마나 늘었는지는 모두가 알 것이다. 이 수렁으로 흘러 들어가는 돈은 엄청나서 전쟁을 치르느라 쓴 돈의 두 배에 이른다. 헛된 욕구를 만족시키느라 허비된 돈으로 얼마나 많은 정당한 욕구를 만족시킬 수 있었을까? 욕구가 지배하는 곳에는 서로 연대하는 마음이 없다. 그와 정반대다. 사람이 자기 자신을 위해 더 많은 것을 필요로 할수록 이웃, 심지어 자기 가족을 위해 할 수 있는 일은 줄어든다.

단순함이 우리에게 건네는 삶

행복과 자립성, 도덕적 섬세함, 연대감이 감소하는 것, 이것이 욕구가 지배해 생기는 결과다. 이 외에도 무수히 많은 다른 어려움이 생기는데, 심하면 재산과 대중의 건강이 타격을 입는다. 너무나 많은 것을 필요로 하는 사회는 현재에만 몰입한다. 현재를 위해 과거에 성취한 것을 희생하고 미래를 제물로 바친다.

우리가 지나간 다음에는 대홍수가 난다. 돈을 벌기 위해 숲을 파괴하고, 나중에 들어올 돈을 예상하고 돈을 미리 탕진하며, 오랫동안 해온 일의 결실을 하루아침에 없애 버리고, 몸을 덥히려 가구를 태우고, 지금 이 순간을 편하게 보내려 미래에 갚아야 할 빚을 잔뜩 지며, 닥치는 대로 살아가고, 미래에 고난과 질병, 파탄, 질투, 원한을 뿌려 놓는다. 이로 인한 피해를 전부 나열하자면 끝이 없을 것이다.

반면에 우리가 단순한 필요에만 신경쓰면 이 모든 해악을 피하고 무수한 이점을 누릴 수 있다. 검소하고 절제하는 생활이 건강을 유지하는 데 가장 좋다는 사실은 오래 전부터 잘 알려져 있다. 검소하고 절제하는 사람은 삶을 불행하게 하는 여러 고난을 피할 수 있다.

검소와 절제는 건강과 행동력, 지적인 균형을 지켜 준다.
음식이든 의복이든 주거든
이에 대한 취향이 단순하면 독립성과 안전이 보장된다.

단순하게 살수록 미래가 보장된다. 예상하지 못한 일이나 불운이 닥칠 위험이 더욱 적을 것이다. 질병이나 실직이 닥쳐도 거리로 내쫓기는 일은 없을 테고, 상황이 크게 변해도 당황하지 않을 것이다. 필요한 것이 적기 때문에 불행한 상황에 적응하는 일이 덜 괴로울 테니까. 이런 사람은 지위나 연금을 잃는다고 해도 똑같은 사람으로 남을 것이다.

삶의 바탕은 우리가 지닌 식탁, 지하 저장고, 마구간, 가구나 돈이 아니기 때문이다. 당신은 딸랑이나 젖병을 빼앗긴 갓난아기 같은 적대감을 보이지 않을 것이다. 머리카락이 짧아 상대방의 손에 붙들릴 위험이 적은 격투사처럼 여러분은 격투를 위해 더욱 단단히 무장해 있을 테고, 더 나아가 이웃에게도 도움을 줄 수 있을 것이다.

당신은 사치를 과시하고 지나치게 돈을 쓰고 기생하는 삶을 사느라 이웃의 질투나 저급한 욕심 또는 비난을 불러일으킬 일이 없을 것이다. 그리고 자신의 안락을 덜 추구하므로 타인의 안락을 돌보는 데 더 많은 힘을 쏟을 수 있을 것이다.

기쁨과 즐거움, 지금 느끼는 불만과 전염성 강한 불쾌한 기분은 외적인 상황
뿐만 아니라 마음속에서 비롯된다. 온 마음으로 즐기려면 견고한 기초 위에
있다고 느껴야 한다. 삶을 믿으며, 삶이 내 안에 있다고 믿어야 한다.

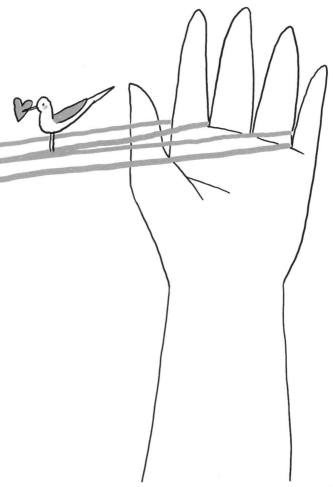

단 한 시간만이라도 좋다. 다른 일을 멈추고 가까운 사람을 미소 짓게 하기 위해 살자. 그들에게 행복을 선사하고, 그들이 잠시나마 고통을 잊게 하자. 그들을 위해 헌신할 줄 아는 사람만큼 즐거움을 느끼는 사람은 없다.

즐거움과 불만은 어디에나 있다

지금 이 시대가 즐겁다고 생각하는가? 내가 보기에 전체적으로 침울한 것 같다. 이 시대 사람들이 살아가는 모습을 보고 그들의 말을 들으면, 삶을 많이 즐기지 않는다는 느낌이 확실히 든다. 즐기려고 노력하지 않는 것은 아닌데, 솔직히 그 결과는 형편없다고 인정할 수밖에 없다. 대체 그 이유가 무엇일까?

어떤 사람은 정치나 경제를 탓하고, 또 다른 사람은 사회문제나 군국주의를 탓한다. 우리가 지닌 중대한 문제를 줄줄이 나열하기 시작하면 끝이 없을 것이다. 그런 다음 즐기려고 해보라.

기꺼운 마음으로 먹기에는 음식에 양념이 너무 많이 들어있다. 우리에게는 걱정거리가 너무도 많고, 그중 하나만으로도 기분은 완전히 상하고 만다. 아침부터 저녁까지 어디를 가더라도 다급하고 시달리고 걱정하는 이들을 만난다. 어떤 사람은 신랄한 정치판의 가차 없는 다툼 때문에 기분이 나빠지고, 또 어떤 사람은 문학이나 예술계에서 이루어지는 천박한 행태와 질투에 역겨워한다. 상업적인 경쟁도 밤잠을 설치게 하며, 무리한 학습 프로그램과 지나친 경력 추구 때문에 젊은 이들의 삶은 흥이 깨진다. 노동자 계층은 끊임없이 계속되는 산업 경쟁에 희생해야 한다. 나라를 다스리는 일은 옛 시절의 영예를 잃었고, 가르치는 일은 교사에 대한 존경심이 줄어 불쾌한 일이 되었다. 눈길이 가는 곳마다 불만스러운 일 천지다.

역사를 살펴보면, 이 시대만큼이나 혼란하고 더없이 심각한 사건들이 벌어졌음에도 불구하고 즐거움을 누린 시절이 있었다. 심지어 시대의 엄중함, 미래에 대한 불안, 사회적 격동이 오히려 새로운 생명력의 원천이 되는 것처럼 보인다.

전투 중에 잠시 휴식을 취하며
노래 부르는 군인을 보기란 드물지 않으며,
가장 힘겨운 시기에 어려운 고비를 거치면서
인간적인 기쁨이 가장 아름답게 승리했다고 나는 믿는다.

그러나 과거에는 전투 직전에 평온히 잠을 자거나 고통 받는 와중에도 노래를 부를 만한 내적인 동기가 있었다면, 오늘날 우리에게는 이것이 없는 것 같다.

기쁘고 즐거운 것은 사물이 아니라 우리 마음속에 있다. 나는 지금 우리가 느끼는 불만과 우리를 지배하는 전염성 강한 불쾌한 기분의 원인이 외적인 상황뿐 아니라 마음속에도 있다고 믿는다.

마음이 온전해야 꽃이 자라듯

온 마음으로 즐기려면 견고한 기초 위에 서 있다고 느껴야 한
다. 삶을 믿으며, 삶을 우리 안에 지니고 있다고 믿어야 한다.
이 점이 우리에게 부족하다. 오늘날에는 많은 이들이, 삶을
믿지 못하는데, 그 무엇도 존재하지 않았다면 더 좋았을 거라
는 생각이 밑바닥에 깔린 상황에서 어떻게 즐길 수 있겠는가.

　게다가 인간이 감각을 함부로 사용한 바람에 이 시대의 생
명력이 심각하게 떨어졌다. 온갖 종류의 과도함 때문에 우리는
감각이 변질되고 행복을 느끼는 능력이 손상되었다. 자연은 우
리가 자연에 가하는 기괴한 행태에 이기지 못해 굴복한다.

　살려는 의지는 뿌리가 크게 다쳤어도 끈질기게 살아남아,
허울뿐인 방법으로라도 만족을 느끼려 한다. 의료 분야에서는
인공호흡, 인공영양 섭취, 전기 요법을 사용하는데, 이와 마
찬가지로 우리는 다 죽어 가는 즐거움 주위로 무수히 몰려들

어 즐거움을 일깨우고 되살리려 한다. 이를 위해 기발한 방법들이 세워졌고 돈도 많이 들였다. 가능하든 불가능하든 온갖 방법이 시도되었지만 이 모든 복잡한 장치에서는 단 한 방울의 진정한 기쁨도 증류되지 못했다.

즐거움과 즐거움의 도구를 혼동해서는 안 된다.
붓을 가졌다고 화가가 되고, 비싼 돈을 들여
명품 바이올린을 샀다고 해서 음악가가 되겠는가.

즐기려고 겉으로 온갖 정교하고 기발한 도구를 전부 갖추었다고 해도 나을 것은 없다.

위대한 화가는 목탄 한 조각만으로도 불후의 스케치를 남길 수 있다. 그림을 그리려면 재능이 필요하고, 즐기려면 행복해지는 능력을 지녀야 한다. 이 능력을 지닌 사람이라면 누구든 적은 비용을 들이고도 즐긴다. 이 능력은 회의주의, 허울뿐인 삶, 남용으로 인해 파괴되고, 신뢰, 절제, 행동과 사고의 평범한 습관으로 유지된다.

이 주장을 뒷받침할 찾기 쉬운 훌륭한 증거는, 단순하고 건강한 삶이 있는 곳이면 어디든 진정한 즐거움이 있다는 사실이다. 싱싱한 꽃에 언제나 향기가 따르듯 말이다. 삶이 아무리 힘겹고 제약이 많아도, 우리가 즐거움의 기본 조건이라고 여기는 것들이 없어도, 단순하고 건강한 삶에서는 기쁨이라는 섬세하고 희귀한 식물이 잘 자란다. 길바닥의 포석 사이, 울퉁불퉁한 벽, 바위의 금 간 틈에서 기쁨이 자란다.

정말 그것이 나를 기쁘게 하는가

연극배우들에게 연극을 가장 잘 즐기는 관객이 누구냐고 물어보면 일반 관객이라고 대답할 것이다. 그 이유는 쉽게 이해할 수 있다. 그들에게 연극은 특별하다. 그들은 평소에 연극을 많이 보지 않아 싫증 내지 않는다. 고된 피로에 찌든 그들에게 연극 관람은 휴식이다. 그들은 이 즐거움을 스스로 정직하게 얻어내 만끽하며, 이마에 구슬땀을 흘려 번 돈이 얼마인지 알 듯 그 가치를 알고 있다. 게다가 그들은 무대 뒤에서 무슨 일이 벌어지는지 알지 못하고, 예술가의 뒷이야기나 기교도 모른다. 그들은 연극이 실제로 벌어진 상황이라고 믿는다. 이 모든 이유 덕분에 그들은 혼탁하지 않은 즐거움을 맛본다.

무감각해진 회의주의자가 칸막이로 구분된 좌석에 앉아 번뜩이는 외알박이 안경 너머로 즐거워하는 그들을 향해 경멸하는 시선을 보내는 모습이 눈에 훤히 보이는 듯하다.

"불쌍하고 멍청한 사람들, 무식한 촌놈 같기는!"

그들이야말로 진정으로 살아 있으며, 위에서 내려다보는 이 사람은 부자연스러운 사람, 한 시간 동안의 솔직한 즐거움이라는 이 아름답고 유익한 도취를 느끼지 못하는 인형이다.

불행히도 그런 그들에게서도 순진함은 사라지고 있다. 도시 사람들, 뒤이어 시골에 사는 이들이 순박한 전통과 단절되어 간다. 술과 노름, 불건전한 유흥 때문에 타락한 정신은 차츰 병적인 취미를 갖는다. 과기에는 단순했던 환경에서 별안간 허울뿐인 삶이 생겨나는데, 이는 마치 포도나무에 포도나무뿌리혹벌레라고 불리는 병충해 필록세라가 생기는 것과 같다. 투박한 기쁨이라는 튼튼한 나무는 수액이 말라 잎사귀가 노랗게 변한다.

저 옛날, 시골에서 벌어지던 잔치를 지금 도시에서 벌이는 잔치와 비교해 보라. 한편에서는 대대로 전해지는 풍습을 따르는 환경에서 건실한 시골 사람들이 그 지역의 노래를 부르고, 그 지역 전통 의상을 입고, 그 지역의 춤을 추며, 자연적인 방식으로 생산된 음료를 마시며 온전히 즐기는 것처럼 보인다.

이들은 대장장이가 대장일을 하듯이,
폭포가 떨어지듯이,
망아지가 들판에서 경중경중 뛰듯이 즐긴다.
이런 기쁨은 전염성이 있어서 당신의 마음으로 파고든다.

그래서 당신은 자신도 모르게 '정말 훌륭해. 이거야!'라고 생각하면서 거기에 끼어들고 싶어진다.

　한편, 다른 쪽에서는 도시 사람처럼 차려입은 마을 사람들과 유행하는 옷을 입어 더 미워 보이는 농부 아낙들이 있으며, 잔치의 중심에는 콘서트 카페의 노랫가락을 큰 소리로 불러 대는 흥청거리는 무리가 있다. 그리고 귀빈석에는 시골 사람들에게 세련된 즐거움을 맛보게 해준답시고 불러온 몇몇 삼류 배우가 와서 앉아 있다. 그들 곁에는 독한 술이 놓여 있다. 이 모든 것에는 창조성도 생동감도 없다. 태만함과 천박함이 있을 뿐, 천진한 즐거움에서 나오는 자연스러움은 없다.

함께 기뻐하고 함께 공감하라

즐거움이라는 문제는 매우 중요하다. 보통 안정된 지위를 갖춘 사람은 즐거움을 하찮은 것으로 여기고, 실용적인 사람은 쓸데없는 낭비로 여긴다. 방탕한 사람은 멧돼지가 정원을 망쳐 놓듯 즐거움이라는 섬세한 영역을 마구 휘저어 뒤죽박죽으로 만든다.

사람들은 기쁨이 얼마나 중요한지 전혀 모르는 것 같다. 기쁨은 삶에 환한 빛을 밝혀 주는 성스러운 불꽃으로 양분을 주어 가꿔야 한다. 기쁨을 유지하는 것을 소중히 여기는 사람은 다리를 건설하고 터널을 뚫고 땅을 일구는 사람만큼이나 인류에게 득이 되는 일을 하는 것이다. 삶의 노동과 고난 한복판에서 행복해지는 능력을 마음속에 유지하고 유익한 전염성을 발휘해 이를 다른 사람들에게 널리 전파하는 것은 가장 고귀한 의미에서 연대를 실천하는 일이다. 남에게 약간의 즐거움을 주기, 근심에 찬 얼굴의 주름을 펴 주기, 어두운 길에 빛을 비추기, 이는 가련한 인류에게 진정으로 숭고한 일이다. 이 일은 단순한 마음만 있으면 해낼 수 있다.

우리는 스스로 행복해지고
타인을 행복하게 해줄 만큼 충분히 단순하지 못하다.
우리에게는 선함과 자신에 대해 초연한 태도가 부족하다.

기쁨이나 위안을 전파할 때 우리가 사용하는 방법이 좋지 않기 때문에 그 결과도 나쁘다. 누군가를 위로하기 위해 우리는 무슨 일을 하는가? 그 사람의 고통을 부정하고, 고통을 자세히 검토하며, 그 사람더러 자신이 불행하다고 믿는 것은 착각이라고 설득하려 한다. 우리가 하는 이 말을 진실한 언어로 바꿔 말하면 결국 다음과 같다.

"자네가 고통받고 있다고? 참 이상하네. 자네가 착각하는 게 틀림없어. 왜냐하면 나는 아무렇지도 않거든."

타인의 고통을 위로하는 인간적인 유일한 방법은 마음으로 고통을 나누는 것이니, 불행한 사람이 이런 말을 위로랍시고 들으면 무엇을 느낄까.

가까운 사람을 즐겁게 해주고 그가 기분 좋은 시간을 보내게 한다며 우리는 이런 방식으로 행동한다. 그 사람더러 우리의 지성에 감탄하고, 우리의 재치 있는 말을 들으며 웃고, 우리 집을 드나들고, 우리 식탁에 앉으라고 하면서 여기저기 과시욕을 드러낸다. 가끔은 그 사람에게 보호자나 되듯 관대한 태도를 보이며 우리가 선택한 즐거움을 적선한다. 그리고 심지어 그 사람을 이용하려는 속셈으로 카드놀이를 같이하며 즐기자고 불러내기도 한다.

타인이 느끼는 최고의 즐거움이 우리에게 감탄하거나, 우리의 우월함을 인정하거나, 우리의 도구 노릇을 하는 것으로 생각하는가? 이용당하고 보호받고 박수 부대로 동원되는 것만큼이나 지겨운 일이 세상에 또 있을까. 타인에게 즐거움을 선사하고 자신도 즐기기 위해서는 먼저 고약한 나 자신부터 떼어내고, 즐기는 동안 그것을 꽁꽁 묶어 놓아야 한다. 자아만큼 흥겨움을 깨는 것은 없다. 선하고 기분 좋고 너그러운 사람이 되자. 우리의 메달이나 간판, 지위는 안으로 들여놓고, 온 마음을 다해 다른 사람들과 함께하자.

가끔 단 한 시간만이라도 다른 모든 일을 멈추고
오로지 다른 사람을 미소 짓게 하기 위해 살자.

이는 겉으로 보기에만 희생일 뿐이다. 주위 사람에게 행복을 조금 선사하고, 그들이 잠시나마 고통을 잊게 하기 위해 단순히 헌신할 줄 아는 사람만큼 즐거움을 느끼는 사람은 없다.

언제 우리는 단순한 인간이 되어, 다른 사람을 만나 즐길 때 삶에 신경을 거스르는 모든 것을 내려놓을 수 있을까? 단 한 시간만이라도 우리의 거만함과 분열, 구분, 역할 따위를 잊고 다시 어린아이가 되어 기분 좋고 사람들을 더 착하게 하는 웃음을 지을 수는 없을까?

나눌수록 더 행복한 사람

여기에서 매우 개인적인 지적을 함으로써 좋은 의도를 지닌 독자가 당장 멋진 일을 시작할 수 있도록 돕고 싶다. 즐거움이라는 면에서 어떤 부류의 사람이 소외되어 있는지 알려 주려는 것이다.

우리는 빗자루는 비질하는 데만, 물뿌리개는 물을 뿌리는 데만, 커피 빻는 기계는 커피를 빻는 데만 사용할 수 있고, 마찬가지로 간호사는 환자를 간호하고, 교사는 학생을 가르치고, 성직자는 설교하고 고해성사를 하며, 보초는 보초 서는 일만 한다고 생각한다. 그러면서 중요한 일에 종사하는 사람들은 밭을 가는 소처럼 자기 일에만 헌신해야 한다고 결론 내린다. 이런 종류의 일과 즐기는 것은 함께할 수 없다는 것이다.

우리는 이런 관점을 더 밀고 나가 병약하고 고통받고 파산하고 삶에서 패배한 사람들, 그리고 무거운 짐을 짊어진 모든 사람은 산맥의 북쪽 경사면처럼 그림자 진 쪽에 있으며, 항상 그런 곳에 있어야 한다고 믿는다. 그러면서 심각한 사람은 즐길 필요가 없고 그들에게 즐거움을 제공하는 일은 부적절하다는 일반적인 결론을 내린다.

이런 관점에 따르면 어떤 사람은 근엄하게만 살아야 하고, 이런 사람들을 대할 때 항상 근엄한 표정을 지으면서 근엄한 일에 대해서만 말하는 것이 당연해 보인다. 이와 마찬가지로, 아픈 사람과 불행한 사람을 만나러 갈 때는 문턱에서 미소를 내려놓고 어둡고 비통한 표정을 지으며 가슴 아픈 대화 주제만 골라야 한다. 이 때문에 우리는 어두움 속에 있는 사람에게 어두움을, 그늘 속에 있는 사람에게 그늘을 가져다주고, 고립된 사람의 고립을, 음울한 삶의 단조로움을 더욱더 깊게 한다. 사람을 지하 독방에 가두듯 좁은 곳에 가두어 두는 것이다. 그들의 은신처를 피해 그 둘레에만 풀이 도니, 우리는 그곳에 다가가면 무덤에 다가가듯 낮은 소리로 속삭인다.

매일 벌어지는 이런 잔혹함이 얼마나 끔찍한 결과를 낳겠는가. 이렇게 해서는 안 된다.

심각한 업무를 도맡아 하고 인간적인
비참함을 자주 접하고 상처를 감싸는
고통스러운 직무에 종사하는 남녀를 만날 때,
이들이 당신과 똑같은 존재이며 같은 욕구를 지녔고,
가끔 이들에게는 즐기고 잊을
필요가 있다는 사실을 잊지 말라.

그토록 많은 눈물과 고통을 보는 사람들을 가끔 웃게 한다
고 해서 그들이 자기 임무를 등한시하는 것은 아니다. 반대로
당신이 그렇게 한 덕분에 자신의 힘든 일을 더욱 잘해 나갈 힘
을 얻을 것이다.

시련을 겪는 가정이나 고통 받는 사람을 만나면, 그들이
마치 페스트 환자라도 되듯 그들 주위로 방역선을 쳐 놓고 거
기를 넘어설 때마다 그들 자신의 슬픈 운명을 일깨워 줄 뿐인
심각한 태도를 보이지 말라.

반대로, 그들의 고통에 공감하고
존중한다는 것을 보여준 다음에,
그들의 짐을 덜어 주고,
그들이 살아가게 도와주고,
그들에게 바깥세상의 향기를,
그들의 불행이 그들을 세상에서
배제하지 않는다는 사실을 알려주는 무언가를 전하라.

그리고 일에 온통 묶여 있는 사람 모두에게 공감을 표하
라. 세상에는 휴식도 즐거움도 누리지 못한 채 희생하는 이들
이 많다. 그들에게는 아주 작은 자유나 짧은 휴식도 엄청난 위
안이 된다. 이 최소한의 위안은 우리가 이를 생각하기만 한다
면 쉽게 그들에게 가져다줄 수 있다.

우리는 빗자루가 비질하기 위해 만들어진 것처럼 이런 사
람은 피로를 느낄 수 없다고 생각한다. 항상 일에 얽매인 사람

들의 피로를 보지 못하게 하는 이런 그릇된 무지함은 떨쳐 버려야 한다. 피로에 지친 보초를 임무에서 잠시 풀어 주자. 잠시라도 숨 돌릴 여유를 주자. 살림하고 자녀를 돌보느라 얽매인 어머니의 자리를 잠시 떠맡아라. 당신이 잠자는 시간을 조금 희생해 병자를 돌보느라 밤을 지새우는 사람들을 대신하라. 산책이 별로 달갑지 않은 소녀는 요리사 아주머니에게 들판으로 통하는 문의 열쇠를 주고 대신 앞치마를 둘러라.

이렇게 하면 당신 덕분에 행복한 사람이 생길 테고, 당신도 행복해질 것이다.

우리 곁에는 언제나 무거운 짐을 진 사람들이 있고, 우리는 잠시나마 그 짐을 짊어져 줄 수 있다. 이 잠깐의 휴식만으로도 많은 사람이 고달픔에서 치유되고 꺼진 기쁨이 되살아나며, 사람들 사이에 착한 마음이 오가는 넓은 길이 열릴 것이다. 우리가 진심으로 서로의 입장에서 볼 줄 안다면 서로 얼마나 잘 이해할 것이며, 살아가는 기쁨은 또 얼마나 클 것인가.

누군들 함께 기뻐하지 않을까

나는 젊은이들에게 즐겁게 해주는 일에 대해 다른 곳에서 많이 이야기했기에 여기서 다시 자세히 다루지는 않겠다. 다만, 아무리 반복해서 말해도 지나치지 않은 사항을 짚고 넘어가고 싶다. 만일 젊은이들이 도덕적이기를 바란다면, 그들의 즐거움을 소홀히 여기지 말고 그들이 우연히 즐거움을 얻도록 내버려두지 말라.

어쩌면 당신은 젊은이가 즐기는 것에 대해 규제받는 것을 싫어할 뿐만 아니라, 요즘 젊은이들은 제멋대로 행동하고 지나치게 즐긴다고 반박할지 모르겠다. 이에 대해 나는 일단, 젊은이를 규제하지 않으면서 아이디어를 제안하고, 방향을 가리켜 보이고, 즐길 기회를 안겨 줄 수 있다고 답하겠다.

아울러 젊은이가 지나치게 즐긴다고 생각하는 것은 착각이라는 사실을 지적하겠다. 삶을 꽃피우고 빛나게 하는 것이 아니라 시들어 말라 죽게 하는 허울뿐이며, 짜증만 북돋고 문란하기만 한 즐거움을 제외하면 젊은이에게 즐거움이란 거의 없다.

자연스러운 방식을 어지럽히는 남용이라는 적이 이 세상을 너무나 더럽혀 이제 그 때가 묻지 않은 것을 찾아보기란 힘들다. 이 때문에 조심과 방어, 금지가 무수히 생기는 것이다. 이제 불건전한 즐거움을 닮은 모든 것을 피하려면 거의 꼼짝도 못할 지경이 되었다. 오늘날 젊은이들, 특히 존경 받는 집안의 자녀들은 즐길 기회가 부족해 마음 깊이 고통 받고 있다. 즐거움이라는 이 관대한 포도주를 박탈당한 데서 오는 악영향이 없을 리 없다. 이런 상황이 계속되면 우리 젊은 세대의 머리 위로 드리워진 그늘은 나날이 짙어질 뿐이다.

그들을 구해야 한다. 우리 자녀들은 즐겁지 않은 세상을 물려받는다. 우리는 이들에게 커다란 근심거리와 당황스러운 질문, 난관과 복잡함이 가득한 삶을 물려준다.

그러므로 이들의 아침을 밝혀 주자. 즐거움의 기회를 주고, 그들에게 은신처를 만들어 주고, 우리 마음과 집의 문을 활짝 열자. 가정을 끌어들이자. 유쾌함이 단지 집 바깥에만 존재하지 않도록 하자. 음울한 가정 때문에 길거리로 내몰리는 우리 아들들과 고독하고 지루해하는 딸들을 불러 모으자. 가족 축제와 저녁 식사 자리, 소풍을 늘리자. 집 안에 좋은 기분이 감돌게 하자. 여기에 학교도 참여시키자. 교사와 학생, 초등학생과 대학생이 더 자주 만나 함께 즐기게 하자. 그러면 학업도 더 잘 이루어진다. 교사와 함께 웃는 것보다 교사를 더욱 잘 이해하는 방법은 없고, 교사도 대학생이나 초등학생을 잘 이해하려면 교실이나 시험장이 아닌 다른 곳에서 만나야 한다.

"그렇다면 그 돈은 누가 댑니까?"

이것이야말로 크게 잘못된 생각이다.

즐거움과 돈, 우리는 이 두 요소가
새의 양 날개라고 생각한다.
이보다 더 큰 착각은 없다.
즐거움은 이 세상에서 진정으로 중요한
모든 것과 마찬가지로 사고팔 수 없다.
즐기기 위해서는 몸소 노력해야 하며 이것이 핵심이다.

돈주머니를 열어도 좋고, 그렇게 하는 것이 쓸모 있다고 생각하면 말릴 생각은 없다.

반드시 그래야만 하는 것은 아니다. 즐거움과 단순함은 오랜 친구다. 단순하게 손님을 맞이하고, 단순하게 모여라. 그 전에 먼저 일하라. 벗에게 가능한 한 친절하고 충실하게 대하고, 그 자리에 없는 사람의 흉을 보지 말라. 그러면 모임은 확실히 성공적일 것이다.

자기 것이 아닌 것을 남에게 팔고 돈으로 살 수 없는 것을 사려 진짜 돈을 낸
다. 즐거움, 사랑, 기적, 애국심마저 팔고 사려 한다. 삶을 복잡하게 하고 오염
시키고 변질시키는 것은 돈이 아니라 돈을 바라고 일하는 마음이다.

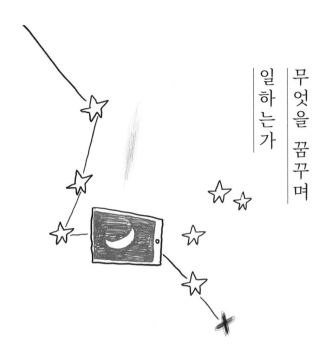

무엇을 꿈꾸며
일하는가

돈만 있으면 가난한 이들의 어려움을 덜고 좋은 일을 할 수 있을까? 불행히
도 그것은 환상이다. 돈은 액수가 크든 작든 해로움을 싹틔우는 씨앗이다. 돈
에 지혜와 선한 마음, 많은 경험을 보태지 않으면 돈은 해악만 끼친다.

돈 없이 살 수는 없지만

돈에 마술적인 힘이 있다고 보는 매우 팽배해 있는 고정 관념에 대해 앞에서 잠깐 다루었다. 이 민감한 문제에 다가선 이상 피하지 말자. 나는 오히려 이 문제에 과감히 발을 내딛으려 한다. 이 점에 대해 다뤄야 할 여러 진실이 있다고 확신하기 때문이다. 새롭지 않은 진실이지만 우리는 이들을 너무도 자주 잊고 있다.

돈 없이 살아갈 방도는 없다. 돈을 비난하는 몇몇 이론가나 입법자들은 사물의 상업적 가치를 나타내는 표식의 이름이나 형태는 바꿀 수 있었지만 이것을 결코 없애지 못했다. 돈을 없애려는 것은 문자를 없애려는 것과 비슷한 시도다.

돈이라는 문제가 큰 혼란을 초래한다는 사실에는 변함이 없다. 이 문제는 삶을 복잡하게 하는 주요 요인이다. 우리가 해결하려고 맞서 싸우는 경제적 어려움, 사회적 관례, 삶의 모든 조합 때문에 돈이 매우 각별한 위치를 차지해, 돈에 절대 권력이 있다고 상상하는 것도 놀랍지 않다. 이 문제는 이런 측면에서 접근해야 한다.

돈이라는 말은 상품이라는 말과 짝을 이룬다. 상품이 없으면 돈도 없겠지만 상품이 있는 한 돈은 어떤 형태로든 존재할 것이다.

돈을 중심으로 생기는 모든 남용은 혼동 때문에 생긴다. 우리는 상품이라는 말과 개념에, 그것과 아무런 관련 없는 것들을 전부 포함하고 말았다. 우리는 금전적인 가치를 지닐 수도, 지녀서도 안 되는 것들에 금전적 가치를 매기려 했다. 무엇이든 사고판다는 이런 생각이 당연히 낯설고 좋지 않으며 사기라고 여겨져야 할 지방 소도시까지 점령했다. 밀이나 감자, 포도주, 천이 사고 팔리는 것은 당연한 일이다. 노동이 인간에게 생존권을 보장해 주고 이 권리를 상징하는 가치를 손에 쥐여 주는 것은 매우 당연한 일이다.

여기에서 이미 노동과 상품은 다르다. 인간의 노동은 밀 포대나 석탄 한 포대와 똑같은 상품이 아니다. 노동에는 돈으로 가치를 매길 수 없는 요소가 들어간다. 요컨대 돈으로 살 수 없는 것이 있다. 수면이나 미래에 대한 지식, 재능이 그 예다. 우리에게 이런 것들을 팔려는 사람은 미쳤거나 사기꾼이라고 생각된다.

이런 것들로 돈을 버는 사람이 있다. 이들은 자기 것이 아닌 것을 팔고, 이들 말에 속아 넘어간 사람은 돈으로 살 수 없는 것을 사려고 진짜 돈을 낸다. 마찬가지로 즐거움, 사랑, 기적, 애국심을 파는 사람이 있다. 실제 상품을 사고파는 사람을 일컬을 때는 명예로운 상인이라는 존재가 마음이나 종교나 국가를 사고팔 지경에 이르면 최악의 불명예가 된다.

사람들 대부분이
자신의 감정, 명예, 직위, 글, 임무를
사고파는 일을 수치스럽다고 생각한다.
그러나 불행히도
이론적으로는 아무런 모순이 없는 것,
고결한 도덕적 진실이라기보다는
평범한 사실로 보이는 일을
실천하기란 무한히 힘든 법이다.

사고파는 행위가 세상을 점령했다. 장사꾼들이 성스러운 영역까지 침범해 좌판을 깔았다. 여기에서 성스러운 영역이란 단지 종교적인 것을 말하는 것이 아니라, 인류가 지닌 성스럽고 침범할 수 없는 모든 것을 뜻한다.

얼마를 벌어야 행복할까

삶을 복잡하게 하고 오염시키고 변질시키는 것은 돈이 아니라 돈을 바라고 일하는 마음이다. 돈을 바라고 일하는 마음은 모든 것을 단 하나의 질문으로 옮겨 놓는다. 그것으로 얼마를 벌 수 있을까 하는 질문이다. 돈만 추구하는 마음은 모든 것을 하나의 명제, 즉 돈이 있으면 무엇이든 얻을 수 있다는 명제로 요약한다. 이 두 가지 행동 원칙 때문에 사회는 이루 말로 표현할 수도, 상상할 수도 없는 저열한 수준으로 전락할 수 있다.

그것으로 얼마를 벌까? 노동으로 돈을 벌어 살기 위해 고심해야 할 때 제기하면 너무도 정당한 질문이지만, 이 질문이 머물러야 할 한계를 벗어나 온 삶을 지배하기 시작하면 해로운 것이 된다. 그리고 더 나아가 우리의 생계 수단인 노동까지 천박하게 한다. 나는 돈을 받고 일을 하는데, 이것은 아주 좋은 일이다. 일을 하면서 오로지 돈 받을 생각만 한다면 이보다 더 나쁜 것은 없다.

돈만 바라고 행동하는 사람이 일을 제대로 할 리 없다. 이 사람이 관심을 두는 것은 일이 아니라 돈이다. 자기 일을 좋아하지 않는 사람은 흥미도 자존심도 없이 일할 테니 이는 한마디로 나쁜 일꾼이다.

진료비만 신경쓰는 의사한테는 생명을 맡기면 안 된다. 이런 의사를 움직이는 동기는 당신 호주머니의 돈으로 자기 호주머니를 채우려는 욕망이기 때문이다. 만일 당신이 더 오래 아파야 자기한테 이득이 된다면, 이런 의사는 당신의 건강을 좋게 하기보다 병을 더 키울 수도 있다. 아이를 교육하는 일을 하면서 이 일로 얻는 금전적 이득만 바라는 사람은 서글픈 교사다. 이 일로 버는 돈이 보잘것없을 뿐 아니라, 이 교사의 가르침은 그보다 더 보잘것없기 때문이다. 돈을 보고 글을 쓰는 언론인은 어떨까? 당신이 오로지 돈을 위해 글을 쓰는 날, 당신의 글은 당신이 받는 돈만큼의 가치도 없다.

돈에 좌우되는 정신이 끼어들면 노동은 빈약해지고 타락한다. 모든 노력에는 보수가 따르고, 먹고살기 위해 열심히 노력하는 사람은 모두 양지바른 곳에 자리를 차지해야 한다는 말은 백번 옳다. 반대로, 쓸모 있는 일은 하나도 하지 않고, 먹고살려고 돈을 벌지 않는 사람은 기생충에 불과하다. 이윤을 행동의 유일한 동기로 삼는 것만큼 심각한 사회적 잘못은 없다. 두 팔의 힘으로 하는 일이든, 마음의 온정으로 하는 일이든, 지적인 집중력으로 하는 일이든 우리가 하는 일에 쏟아

붓는 최상의 것에는 아무도 그 대가를 치를 수 없다.

사람이 기계가 아니라는 사실을 이보다 더 잘 증명할 수는 없는데, 두 사람이 똑같은 힘을 들이고 똑같이 움직여 같은 일을 해도 그 결과는 전혀 다르다. 이유는 무엇일까? 일하는 사람의 의도가 다르기 때문이다. 한 사람은 돈을 바라고 일하는 마음을 지녔고, 다른 사람은 단순한 영혼을 지녔다. 이 두 사람은 모두 급여를 받겠지만, 한 사람의 노동은 헛되고, 다른 사람은 노동에 자신의 영혼을 담았다. 전자의 노동은 모래알과 같아 영원히 아무 열매도 맺지 못하지만, 후자의 노동은 살아 있는 씨앗이라서 바닥에 뿌리면 싹을 틔워 수확물을 키운다. 겉으로 보았을 때 똑같은 방법을 사용해도 성공하지 못하는 이유를 설명하는 데 다른 비밀은 없다.

로봇은 재생산하지 못하고, 돈을 바라고 일하는 사람의 노동은 열매를 맺지 못한다.

그 일에 돈이 필요한 건 아니다

우리가 경제적 현실 앞에 머리를 숙이고 삶의 어려움을 인정해야 한다는 것은 분명하다. 날이 갈수록 먹고 입고 집을 구하고 가족을 부양하기 위해 여러 활동을 잘 조합하는 일이 중요해지고 있다. 이런 절대적인 필요를 고려하며 계산하고 예측하지 않는 사람은 망상에 빠졌거나 어수룩한 사람이고, 이들은 조만간 자기가 인색하다고 경멸한 사람들에게 손을 내밀 처지에 놓인다. 그런데 이런 종류의 걱정에만 빠져들어 치밀한 회계사가 되어 우리가 들인 노력을 그것으로 받는 돈과 비교하려 하고, 수입으로 연결되지 않는 일은 아무것도 하지 않고, 회계 장부에 숫자로 적히지 않는 일은 헛수고로 여긴다면 대체 우리는 어떤 사람이 되겠는가.

우리 어머니들이 우리를 사랑하고 기르는 대가로 돈을 받았는가? 나이든 부모를 사랑하고 보살피는 대가로 돈을 바란다면 우리의 효심은 대체 어떻게 되겠는가.

진실을 말한 대가로 무엇을 얻는가? 근심을 얻고 때로는 고통과 박해를 받는다. 조국을 지키면 무엇을 얻는가? 피로, 상처를 얻고 가끔은 죽음에 이른다. 선한 일을 행하면? 골치 아픈 상황에 빠지거나, 인정받지 못하거나, 심지어 원성도 산다. 인류의 중요한 일에는 모두 헌신이 필요하다. 아무리 정교하게 손익을 계산하는 사람도 계산할 수 없는 다른 것의 도움을 받지 않고는 이 세상에서 살 수 없다.

티끌 모아 태산을, 실오라기를 모아 커다란 실타래를 만드는 데 능숙한 사람을 우리는 똑똑하다고 말한다. 그러나 자세히 들여다보라. 그 실타래에는 단순한 사람들의 헌신 덕분에 얻은 실오라기가 얼마나 들어 있을까? 이 세상에 이들처럼 '세상에 공짜는 없다'는 잘못된 믿음을 지닌 꾀바른 부류만 있다면 이들이 과연 성공할 수 있었을까?

힘껏 말하자.
이 세상이 유지되는 것은
계산하지 않는 몇몇 사람 덕분이라고.

가장 아름다운 일, 가장 힘든 일에 대한 보수는 대체로 적거나 아예 없다. 다행히 돈이 되지 않는 일, 심지어 대가로 고통만 받으면서도 자기 돈과 휴식, 삶을 바치는 일을 도맡아 하는 사람은 언제나 있기 마련이다.

이 사람들이 하는 일은 대체로 힘겹고, 하다 보면 낙심한다. 우리 가운데 누가 과거에 힘들여 선한 일을 베풀었다가 환멸만 느낀 마음 아픈 경험담을 들어본 적이 없는가? 이런 고백은 대체로 그렇게 한 것이 멍청했다는 결론으로 끝난다. 돼지에게 진주를 던져 주는 것은 실수인 법이니 때로는 이런 생각도 옳다. 그러나 사람들이 제대로 알아주지 않아 후회하는 이런 행동이야말로 유일하게 진정으로 아름다운 행동인 경우가 얼마나 많은지. 인류에게 바라야 할 것은 이런 어수룩한 행동이 점점 더 많아지는 것이다.

돈으로 살 수 없는 것은 있다

나는 이제 돈에 좌우되는 사람이 지닌 잘못된 믿음을 이야기할까 한다. 이것의 장점은 간결하다는 것이다. 돈 때문에 일하는 사람에게는 "돈이 있으면 뭐든 얻을 수 있다"는 하나의 문장에 절대적인 진리가 담겨 있다. 사회생활을 곁에서 바라보면 이보다 분명한 사실은 없다.

'전쟁의 원동력', '소리 나는 증거', '모든 문을 여는 열쇠', '세상의 왕'을 비롯해 돈의 영광과 권세를 열거하자면 성모마리아를 기리는 기도문보다 더 길 것이다. 요즘 시대에 하루 이틀만이라도 빈털터리로 살려고 시도해 본 사람만이 호주머니가 텅 빈 사람이 얼마나 초라해지는지 조금이나마 깨달을 수 있다. 의외의 상황과 극단적인 비교를 좋아하는 사람들한테, 친구나 아는 사람과 멀리 떨어져, 자기가 인정받는 환경에서 멀리 떨어져 사나흘 정도만 돈 없이 살아보라고 권한다. 안정적으로 사는 사람이 일 년 내내 하는 것보다 더 많은 경험을 이틀 안에 할 수 있을 것이다.

불행히도 어떤 사람들은 본의 아니게 이런 경험을 하며, 이들이 진짜로 파산하면 고향으로 돌아가 젊은 시절의 친구나 옛 동료, 심지어 자기한테 빚진 사람들 곁에서 산다 해도 사람들은 이들을 모르는 척할 것이다.

이런 때 이들은 돈이 최고라는 잘못된 믿음을 씁쓸하게 되새긴다. 돈이 있으면 모든 것을 얻을 수 있지만, 돈이 없으면 아무것도 가질 수 없다고. 돈이 없으면 당신은 모두가 등을 돌리는 사람이 된다.

파리는 시체에 꼬이고, 사람은 돈으로 모여든다. 돈이 사라지면 금세 사람들이 떠난다. 돈이 최고라는 생각 때문에 얼마나 많은 이들이 눈물을 흘렸는지. 예전에 황금 송아지를 숭배한 그들이 흘리는 씁쓸한 눈물, 피눈물 말이다.

이런 생각은 틀렸다. 그것도 완전히 틀렸다. 사막에서 길을 잃은 부유한 사람이 돈으로 물 한 방울 살 수 없다는 이야기나, 늙은 백만장자가 할 수만 있다면 자기 전 재산의 절반을 빈털터리인 건장한 젊은이한테 주고 그에게서 그의 젊음과 건강을 사려고 한다는, 상투적인 이야기를 들어 반박하지는 않겠다. 행복을 돈으로 살 수 없음을 증명해 보이려 하지도 않겠다. 돈을 가진 사람, 그리고 특히 돈을 가지지 못한 너무도 많은 사람들이 이 진실을 진부하다며 비웃으니까. 그 대신 나는 기억과 경험을 총동원해 모두가 되풀이해서 말하는 이 잘못된 믿음에 담긴 지독한 거짓말을 확실히 이해시켜 보이겠다.

돈주머니를 최대한 잘 채워 요사이 많이 생긴 온천 휴양 도시로 떠나자. 옛날에 이 도시들은 잘 알려지지 않았으며, 그곳에는 소박하고 단순하고 친절한 사람이 많아 돈을 많이 쓰지 않아도 편히 지낼 수 있었다. 그런데 그리스신화에 등장하는 소문의 여신 페메가 이 도시들을 그늘에서 끌어내어 지리적 위치와 조건, 기후, 사람들을 이용해 어떤 이득을 챙길 수 있을지 알려주었다. 당신도 소문의 여신을 믿고 그곳으로 떠났고, 당신이 가진 돈이라면 거짓되고 문명화된 세계에서 멀리 떨어져 조용히 쉬면서 시적인 풍미를 조금이나마 누릴 수 있으리라 확신한다.

　　첫 번째 인상은 옳다.
　　자연으로 둘러싸인 환경과
　　서서히 사라져 가는 몇몇 소박한 풍습이
　　일단 기분 좋게 다가온다.
　　그러나 며칠 지나면
　　이런 인상은 점점 변하고 이면이 드러난다.

　　대대로 내려온 오래된 가구처럼 정말로 오래되었다고 생각한 것은 사실 속임수다. 모든 것에는 상표가 달려 있으며, 집 안의 흙바닥부터 그곳에 사는 사람까지 모든 것이 돈으로 팔린다.
　　과거에 소박하던 그 지방 사람들은 이제 더없이 영악한 사업가가 되었다. 이들은 당신한테 돈이 있으니 최대한 적은 비

용을 들여 그 돈을 얻어내겠다고 마음먹었다. 어디를 가더라
도 거미줄 같은 기교와 함정이 놓여 있고, 이들이 자기 소굴에
들어앉아 기다리는 먹잇감은 당신이다.

돈이 최고인 생활 방식을 수십 년간 유지해 온 결과, 예전
에 도시 생활에 지친 사람들이 만나면 기분 좋아지던 단순하
고 정직한 사람들이 이렇게 변했다. 집에서 직접 만든 빵은 사
라졌고, 버터는 공장에서 만들어지며, 이들은 우유의 가장 좋
은 부분을 걷어 내는 방법과 포도주를 위조하는 최신 기술을
모조리 알고 있다. 이들은 이제 도시인의 미덕은 하나도 없이
도시인의 악덕을 모두 지니고 말았다.

그 휴양 도시를 떠나면서 여러분은 가진 돈을 헤아려 보
고, 돈을 많이 썼다며 불평한다. 그럴 필요 없다. 돈으로 얻을
수 없는 것이 있다는 신념은 아무리 비싸게 사도 돈이 아깝지
않으므로.

사소하지만 가장 소중하고 빛나는

여러분의 집에 똑똑하고 수완 좋은 사람이 필요하다. 이 드문 인재를 구하라. 돈으로 모든 것을 얻을 수 있다는 원칙에 따르면 봉급이 보잘것없는지, 보통인지, 괜찮은지, 상당히 괜찮은지, 매우 훌륭한지에 따라 보잘것없는, 보통의, 괜찮은, 상당히 괜찮은, 훌륭한 사람을 구할 수 있어야 마땅하다.

이 일을 하겠다고 나서는 이들은 전부 자신이 마지막 범주에 속하는 사람이라고 자신할 것이며, 아마도 이를 증명하기 위한 증명서도 미리 받아 놓았을 것이다. 그러나 실전에서 이 유능한 인물 중 열에 아홉은 주어진 일을 해내는 수완이 많이 떨어진다.

그렇다면 이들은 어째서 당신 집에서 일하려 했을까? 이 질문에 대해 이들은 어느 희곡 작품에 등장하는, 비싼 급료를 받지만 아무것도 할 줄 모르는 요리사처럼 대답할 것이다.

"어째서 솜씨 좋은 요리사라며 지원했나요?"

"장을 보고 받는 잔돈을 챙기려고 그랬지요."

이것이 진실이다. 많은 급료를 받으려는 사람들은 언제라도 구할 수 있을 것이다. 그러나 능력 있는 사람을 구하는 경우는 드물다. 여러분이 원하는 것이 정직한 사람이라면 일은 더 어려워진다. 돈을 위해 일하는 사람은 쉽게 구할 테지만, 헌신은 전혀 다른 이야기다.

헌신적인 사람과 정직하면서 총명한 사람이 존재하지 않는다고 말하려는 것이 전혀 아니다. 그러나 이런 사람은 급료를 풍족히 받는 사람보다는 적게 받는 사람 중에서 어쩌면 더 많이 찾아볼 수 있을 것이다.

결국 이런 정직하고 똑똑한 사람을
이 두 범주 중 어디에서 만나는지는
그다지 중요하지 않다.
이들은 이득을 바라고 헌신하는 것이 아니라,
자기희생을 할 수 있게 하는
단순한 마음 바탕을 간직했기 때문에 헌신하는 것이다.

돈이 전쟁의 원동력이라는 말 역시 여기저기에서 반복해 들린다. 전쟁에는 돈이 많이 들고 우리는 이 사실을 경험으로 알고 있다. 적군에 맞서 조국을 방어하고 조국의 깃발을 영예롭게 드날리기 위해 나라가 부유하기만 하면 될까? 옛날 그리스인은 페르시아인에게 그와 정반대라는 증거를 보여주었고,

이런 증거는 역사에서 끊임없이 반복되어 나타날 것이다.

황금을 주고 선박과 대포, 말은 살 수 있지만, 군사 기술 지식이나 정치적 지혜, 군기, 열광은 살 수 없다. 징병 담당관의 손에 돈 수십억을 쥐여 주고 지휘관 한 명과 용맹한 군대 한 사단을 구해 오라고 해보라. 그는 한 명의 지휘관 대신 백 명의 지휘관을, 천 명의 병사를 데려올 것이다. 이들이 쓴 돈만큼의 값어치를 하는지는 그들을 전쟁터에 보내면 알 것이다.

돈만 있으면 극도로 가난한 사람들의 어려움을 덜고 좋은 일을 할 수 있을까? 불행히도 이 역시 떨쳐야 할 환상이다. 돈은 액수가 크든 적든 해로운 현상을 싹틔우는 씨앗이다. 돈에 지혜와 선한 마음, 사람으로서의 많은 경험을 보태지 않으면 당신이 준 돈은 해악만 끼칠 것이고, 당신의 후한 인심의 덕을 본 사람들과 여러분의 돈을 배분하는 임무를 맡은 사람들은 타락할 것이다.

소중할수록 기꺼이 전하라

돈은 모든 것을 충족할 수 없다. 돈은 강력한 힘이지만 전지전
능하지는 않다.

돈만 바라는 마음이 커지는 것만큼이나 삶을 복잡하게 하
고, 도덕심을 타락시키고, 사회의 정상적인 기능을 망가뜨리
는 것은 없다. 이런 정신이 지배하는 곳은 어디든 모두가 모두
를 속인다. 우리는 아무것도, 아무도 믿을 수 없고, 가치 있는
어떤 것도 구할 수 없다. 나는 돈을 나쁘다고 비방하는 사람이
아니다. 그러나 돈에도 보편적인 법칙을 적용해야 한다.

모든 것은 제 자리와 제 지위에 있어야 한다.

하인이어야 할 돈이 도덕적인 삶과 존엄, 자유를 무시하고
홀로 지배하면, 사람들이 돈을 얻어내려고 상품이 아닌 것을

시장에 내놓으면, 부유한 사람이 그 누구도 사고팔아서는 안되는 것을 다른 사람에게서 돈으로 얻어낼 수 있다고 믿으면, 이런 비열하고 죄가 되는 맹신에 항의하며 사기꾼에게 이렇게 외쳐야 한다.

"그 돈을 갖고 돈과 함께 썩어 없어져라!"

우리는 우리가 지닌 가장 소중한 것을 공짜로 받았다. 그러므로 이를 대가 없이 주는 법도 알아야 한다.

나는 떡갈나무가 자라듯, 신이 태양을 띄워 올리듯이, 누구의 시선도 의식
하지 않고 자기 일을 하는 이 이름 없는 사람의 모습보다 더 위안이 되면서
마음속에서 움트는 허영심을 질책하는 장면을 지금껏 보지 못했다.

그들은 난파당한 사람을 구했으며, 상처 입은 이들을 치유했으며, 길 잃은 사
람을 거두었으며, 빈곤한 이들에게 옷을 입혔으며, 고아를 거두었다. 그들이
없었다면 얼마나 많은 이들이 길을 잃고, 추위에 떨고 있었을까.

명성에 대한 집착

이 시대의 가장 유치한 경향 중 하나를 들라면 선전과 광고를 좋아하는 습성일 것이다. 두각을 나타내어 명성을 얻는 것, 무명의 현실에서 벗어나는 것, 어떤 이들은 이런 욕망에 너무 심각하게 빠져들어 자신을 광고하지 못하면 답답해서 안절부절못해 병에 걸린 것처럼 행동한다.

　이들이 보기에 무명으로 남는 것은 엄청난 수치다. 그래서 눈에 띄려고 무슨 짓이든 한다. 존재가 알려지지 못하면 자신을 몰락한 사람으로 간주하면서, 한밤중에 배가 태풍에 난파당해 외딴 바위섬에 내던져진 사람처럼 소리를 지르고 폭죽을 터뜨리고 불을 피우는 등 상상할 수 있는 온갖 신호를 보내 사람들에게 자신의 존재를 알리려 한다. 어떤 이들은 남에게 피해를 주지 않는 폭죽이나 불꽃을 쏘아 올리는 데 만족하지 않고, 기필코 자기를 알리겠다며 비열한 짓이나 범죄도 서슴지 않고 저지른다.

눈에 띄는 무언가를 파괴하고, 저명한 사람의 이름을 훼손하거나 훼손하려 하고, 추문을 일으키거나, 나쁜 행동 또는 과도한 폭력을 저질러 주목을 받았다는 이유만으로 유명해진 사람이 이 시대에 얼마나 많은가.

유명해지려는 이런 집착은
정신이 이상한 사람이나 수상한 금융 인사,
각계각층의 사기꾼이나 허풍쟁이에게만
만연한 것이 아니라
정신적이고 물질적인 삶의
모든 영역에 퍼져 있다.

정치, 문학, 과학 분야, 충격적이게도 자선과 종교계도 선전이라는 질병에 걸려 있다. 착한 일을 하면 나팔을 불어 대고, 사람들을 개종시키려 요란한 방법을 상상해 냈다.

시끄럽게 떠드는 이 습성은 여러 피해를 주면서 원래 조용했던 곳까지 전파되어 평소에 차분하던 사람들의 마음에 풍파를 일으키고, 선한 활동을 혼탁하게 했다. 모든 것을 내보이고 전시하려는 폐단, 감춰진 것의 가치를 알아보는 능력이 점점 없어져 가는 것, 사물의 가치를 그것이 내는 소리의 강도로 측정하는 습관은 신중한 사람의 판단력마저 흐리게 했고, 그래서 이 사회가 각자 제집 앞에서 북을 쳐 대며 광고하는 거대한 장터가 되지는 않을지 의심할 정도였다.

우리는 장터의 견디기 힘든 소음과 과시, 먼지를 기꺼이 버리고 한적한 계곡을 찾아가 마음 놓고 한숨 돌리면서 얼마나 냇물이 투명하고 숲이 고요하며 고독이 기분 좋은 것인지를 깨달으며 매우 놀란다. 다행스럽게도 아직 침범 당하지 않은 은신처가 남아 있다. 소동이 아무리 대단하더라도, 광대들의 목소리가 서로 얽히고 맞부딪쳐 내는 소리가 아무리 요란하더라도, 이 모든 것은 어느 한계 이상을 넘지 못하고 이내 가라앉아 꺼진다. 침묵의 영역은 소음의 영역보다 훨씬 넓다. 그리고 이 사실이 우리에게 위안을 준다.

소음을 걷어 내고 자신을 보라

알려지지 않은 선함과 고요한 노동이 사는 이 무한한 세계의 문턱에 발을 들이자. 그 누구의 발자국도 찍히지 않은 새하얀 눈, 외로운 꽃들, 무한한 지평선을 향해 끝없이 이어지는 오솔길을 보면서 우리는 그 매력에 곧장 빠져들 것이다.

노동의 진정한 원동력과 가장 활발하게 행동하는 사람은 눈에 잘 띄지 않는 것이 세상의 이치다. 자연은 얄궂게도 자기가 일하는 모습을 보여주지 않는다. 결과물이 아닌 다른 것을 보고 자연이 어떻게 활동하는지 알고 싶다면, 자연을 잘 살펴보며 자연이 움직이는 순간을 포착하려 애써야 한다.

사회에서도 마찬가지로 선을 위해 활동하는 힘은 보이지 않으며, 각 개인의 삶에서도 마찬가지다. 우리가 지닌 가장 좋은 것은 마음속 가장 깊은 곳에 있기에 남에게 전할 수 없다. 감정이 우리 존재의 뿌리와 뒤엉켜 있어서 강렬할수록 그

감정은 잘 드러나지 않는다. 오히려 세상에 드러나는 것을 욕되게 여길 것이다. 마음 깊은 곳에 오로지 신만 알고 있는 충동과 열정, 나날이 새롭게 솟는 용기, 바깥세상에서 행동할 강력한 동기가 생겨나는 마음을 간직했을 때 느끼는 이루 표현할 수 없는 은밀한 기쁨이 있다.

이 내밀한 마음속 삶이 약해질 때,
겉모습에 신경쓰느라 이 삶을 소홀히 할 때,
사람은 겉모습에서 얻는 만큼 그 가치를 잃는다.

그래서 슬프지만 어쩔 수 없이 남들에게 찬사를 많이 받을수록 우리의 가치는 떨어진다. 나는 세상에서 가장 좋은 것은 사람들이 알지 못하는 것이라고 확신한다. 왜냐하면 그것을 가진 사람만이 그것이 뭔지 알고 있고, 그들이 이 사실을 말하면 곧장 그 향기가 사라지기 때문이다.

자연을 사랑하는 사람은 특히 외진 곳, 깊숙한 숲이나 한산한 골짜기, 아무나 함부로 들어가 자연을 감상할 수 없는 곳에서 자연을 만나기를 좋아한다. 그들은 며칠씩 시간이 가는 것도, 일상도 잊은 채 방해받지 않는 고독을 만끽하면서 새가 둥지를 틀거나 새끼에게 먹이를 주는 모습, 짐승이 우아하게 뛰노는 모습을 바라볼 것이다.

이처럼 자기 내면에서 선함을 구해야 한다. 아무런 제약도, 허식도, 구경꾼도 없이, 삶이 마땅히 띠어야 할 좋은 삶을 추구한다는 단순한 사실만 생각하면서, 다른 것은 신경 쓰지 않고서.

늘 그 자리에서 빛나는 사람

내가 현실에서 관찰한 몇 가지 사실을 여기에 적고자 한다. 실명을 거론하지 않으니 해를 끼치지는 않을 것으로 생각한다.

내 고향 알자스에 보주 숲으로 이어지는 기나긴 띠 같은 외길 도로에는 지난 삼십 년간 돌 깨는 일을 하는 남자가 있다. 그를 처음 본 것은 내가 초등학생 때였는데, 그때 나는 대도시로 떠나는 길이라 마음이 울적했다. 그런데 그를 보고 기분이 좋아졌다. 그가 돌을 깨면서 노래를 흥얼거렸기 때문이다. 우리는 말을 몇 마디 나누었고, 그는 대화 끝에 이렇게 말했다.

"꼬마야, 기운 내렴. 행운을 빌마!"

그 이후로 나는 힘겹거나 즐겁거나 다양한 상황에서 그 길을 지나고 또 지나갔다. 초등학생은 성장했고, 돌 깨는 남자는 그 모습 그대로 남았다. 나쁜 날씨에 대비해 등을 짚 거적으로

덮어 보호하고, 머리를 다치지 않도록 모자를 좀 더 앞으로 눌러 쓰는 정도의 변화가 있었을 뿐이다. 숲은 언제나 그의 힘찬 망치 소리를 되울려 보낸다. 그 가련한 사람은 수많은 돌풍에 맞서 등골이 휘었을 것이며, 그의 삶과 가족, 고장은 얼마나 힘겨운 운명을 견뎌야 했을까. 하지만 그는 계속 돌을 깬다.

　나는 고향에 도착하거나 떠나면서 여전히 길가에서 미소 짓는 그를 만난다. 많은 나이와 주름에도 불구하고, 특히 힘겨운 날이면 넉넉한 표정으로 선한 사람만이 할 수 있는 단순한 말을 건네는데, 돌을 깨며 박자에 맞춰 내지르는 그 말의 울림은 더없이 깊다. 그를 볼 때 내가 느끼는 감정을 말로 표현하기란 불가능하다. 그는 내가 이렇게 느낀다는 사실을 짐작조차 하지 못할 것이다.

　나는 떡갈나무가 자라듯, 신이 태양을 띄워 올리듯,
　누구의 시선도 의식하지 않고 자기 일을 하는
　이 이름 없는 사람의 모습보다
　더 위안이 되면서 동시에
　마음속에서 움트는 허영심을
　질책하는 장면을 보지 못했다.

　나는 한결같이 같은 일을 해온 나이 든 교사도 여럿 보았다. 그들은 때로는 돌멩이보다 더 단단한 머리에 인간으로서 알아야 할 기본적인 지식과 몇 가지 행동 원칙을 넣어 주는 일을 하며 평생을 보냈다. 이들은 사람들이 그다지 주목하지 않는 힘겨운 교직 생활 내내 온 힘을 다해 일했다. 이들이 언젠가 이름 없는 무덤에 들어가 누울 때, 아무도 이 평범한 교사를 기억하지 않으리라. 이들은 사랑을 줌으로써 보상받았다. 이 이름 없는 교사만큼 위대한 사람은 아무도 없다.

그들은 결코 광고하지 않지만

우리가 스스로 얼마나 잔인하고, 감사할 줄 모르고, 어리석은지 깨닫지도 못하면서 비웃는 부류의 사람들이 있는데, 이들 중에서 우리가 제대로 볼 줄만 안다면 훌륭한 미덕을 지닌 사람을 얼마나 많이 찾을 수 있는지 모른다.

차림새나 모습이 놀라운 이들이 있는데, 이런 겉모습은 남에게 그다지 큰 영향을 미치지 않는다. 그들은 굉장히 개인적이어서 자신의 안락함, 그리고 자신이 애정을 쏟는 방울새나 고양이 등을 제외하고 모든 것에 무관심한 사람도 있는데, 자신의 안위를 챙기는 데 이골이 난 이들에게 전혀 뒤지지 않을 것이다.

이 와중에 우리는 이들의 삶에 소박하게 감춰져 있는 무수한 희생을 잊곤 한다. 자기 자신을 위해 가정도, 사랑도, 미래도, 야망도 가지지 못한 것이 아무것도 아니란 말인가. 외적인 고독에 마음의 고독까지 더해진 무거운 고독의 십자가를 지는 일, 나이 든 부모와 고아가 된 어린 조카들, 가난하고 병약한 이들, 무지막지한 삶의 풍파에 떠밀려 변두리로 내던져진 사람들을 챙기느라 자신의 안위는 돌보지 않는 것이 아무것도 아니란 말인가.

밖에서 보면 이렇게 겉으로 드러나지 않은 존재는 빛나지 않으며, 부러움보다는 동정심을 불러일으킨다. 존경하는 마음을 지닌 채 그들에게 다가서면 이따금 고통스러운 비밀, 과거의 큰 시련, 연약한 어깨가 짊어진 너무도 무거운 짐을 어렴풋이 짐작할 수 있지만, 이것은 그늘진 측면일 뿐이다.

그들의 풍성한 마음, 순수한 선함,
사랑하고 위로하고 희망하는 힘,
자기 자신을 흔쾌히 내어 주는 마음,
이런 마음을 받을 만한 가치가 없는 사람 앞에서도
그들이 보이는 꺾이지 않는 온유함과
용서하는 마음을 알아보고 인정할 줄 알아야 한다.

남이 보기에는 가련해 보이지만 그들은 얼마나 많이 난파당한 사람을 구했으며, 상처 입은 이들을 치유했으며, 길 잃은 사람을 거두었으며, 빈곤한 이들에게 옷을 입혔으며, 고아를 거두었는가. 그들이 없었으면 얼마나 많은 이들이 혈혈단신이었을까. 정작 당신에게는 아무도 없는데.

아니, 내가 착각했다. 당신을 알아주는 사람이 있다. 우리 삶을 보살피고 우리의 불행을 괴로워하는, 이름은 없지만 위대한 자비의 여신이다. 당신처럼 잊히고 자주 모욕당하는 자비의 여신은 가장 성스러운 메시지 중 몇 개를 당신에게 맡겼고, 그 때문에 당신이 조용히 지나갈 때면 구원의 천사의 날개가 스쳐 지나갔다고 믿는 것이리라.

숨어 있지만 우리를 빛내는 것

선은 너무나 다양한 형태로 감춰져 있어서, 가장 잘 숨겨 놓은 악행만큼이나 찾아내기 어려운 경우가 많다. 어느 러시아 의사가 정치적인 이유로 징역형을 받아 시베리아에서 십 년을 보냈는데, 그는 그곳에서 죄수뿐 아니라 간수에게서도 볼 수 있던 너그러움과 용기, 인간애에 대해 즐겨 이야기하곤 했다.

그렇다면 이렇게 물을 할 것이다. 대체 선은 어디에 숨어 있을까? 이에 대해 삶은 우리를 놀라게 하며 뜻밖의 대조적인 모습을 보여준다. 공식적으로 선하다고 인정받은 사람들, 국가나 교회로부터 선하다고 인증 받았다고 해도 좋을 사람들이 있다. 이들에게는 흠 잡을 데가 없다. 마음이 무디고 메말랐다는 점을 빼면 말이다. 반면에 놀랍게도, 어려운 처지로 전락한 이들 가운데 진정으로 다정하고 헌신하는 사람들을 만난다.

그래도 세상이 아름다운 이유

잘 알려지지 않은 선행에 관해 우리가 너무나 부당하게 대하는 사람들을 이야기하려 한다. 부유한 사람들이 그들이다.

어떤 사람은 파렴치한 재산을 비난하면 이야기가 끝난 것으로 믿는다. 그들이 보기에, 많은 재산을 지닌 모든 사람은 불행한 사람들의 피로 배를 채운 괴물이다. 이보다 과장법이 덜한 사람도 부유함을 이기주의나 무감각과 계속 혼동한다. 이런 무의식적이거나 의도적인 오류는 바로잡아야 한다. 물론 부유한 사람들 중에는 다른 사람은 전혀 신경쓰지 않는 이들이 있고, 오로지 과시하려는 목적으로 선을 행하는 부류가 있다. 이것은 잘 알려진 사실이다. 그들의 비인간적이거나 위선적인 태도 때문에 다른 부자들이 조심스레 감추며 행하는 선행의 가치까지 떨어질까?

인간적으로 가장 큰 불행을 겪은 한 남자를 알고 있다. 그는 사랑하는 아내와 사별했고, 자녀들이 각기 다른 나이에 모두 죽었다. 그는 열심히 일해서 번 재산이 아주 많았다. 간소하게 살았기에 필요한 것이 거의 없던 그는 자기 재산을 이용해서 선행을 베풀 기회를 찾는 데 열중했다. 그가 이루 말할 수 없는 가난에 처한 사람을 남몰래 얼마나 많이 도왔으며, 비참함을 위로하고 어두운 삶에 조금이나마 빛을 비춰 주고, 친구들에게 애정 어린 놀라움을 선사하느라 얼마나 갖은 수단을 동원했는지는 아무도 상상하지 못하리라.

그는 다른 사람에게 좋은 일을 해 놓고는 그게 대체 누가 한 일인지 몰라 그들이 놀라는 모습을 보며 즐거워하곤 했다. 부당한 운명을 바로잡고, 연속되는 불운에 처한 가족이 행복에 겨워 울게 하는 것이 그의 즐거움이었다. 그는 끊임없이 남몰래 방법을 찾아내고 계획을 짜고 구상하면서 자기가 하는 일을 들킬까 봐 겁을 냈다.

그가 죽은 다음에
그가 베푼 커다란 선행 몇 가지를
사람들이 알았지만,
그가 평생 무슨 일을 했는지는
아무도 결코 전부 알지 못하리라.
이 사람이야말로 진정으로 나누는 사람이다.

나누는 사람도 두 종류가 있다. 다른 사람의 재산 일부를 자기 것으로 삼으려는 사람은 많이 있고 천박하다. 이런 사람이 되고 싶다면 욕심만 많으면 된다. 반면에 자기 재산을 돈 없는 사람과 나누려는 사람은 흔하지 않고 귀하다. 이 특별한 집단에 속하려면 선량하고 품위 있는 마음을 지니고, 자기 자신에게 초연하며, 다른 사람의 행복과 불행에 민감해야 하기 때문이다. 다행히도 이렇게 나누려는 사람은 사라지지 않았고, 나는 그들이 바라지 않더라도 그들에게 경의를 표하며 순수한 기쁨을 느낀다.

하지만 그것이 전부는 아니다

내가 너무 강조해도 이해하기를 바란다. 너무도 팽배한 몰염 치와 험담, 비관주의, 속임수로 인해 생긴 짜증을 풀려면 무 언가 아름다운 것을 보고 단순한 선함이 꽃피는 한적한 곳의 향기를 맡아야 한다는 사실을 말이다.

도시 생활에 익숙하지 않은 한 외국 부인이 대도시에서 벌 어지는 광경을 보고 끔찍하다고 내게 말한 적이 있다. 부인은 온갖 망측한 포스터, 악의에 찬 비판 일색인 신문, 머리를 울 긋불긋하게 염색한 여성들, 쇼핑, 카페, 도박, 방탕함을 즐기 려고 몰려다니는 사람들, 피상적이고 세속적인 삶의 물결을 환멸했는데, 다행히 멸망한 거대 도시 바빌론을 언급하지는 않았다. 그것은 아마도 타락해 가는 도시 주민 중 한 사람인 나를 가엾이 여겨 그랬을 것이다.

이에 대해 나는 이렇게 말했다.

"네! 그렇지요, 정말 슬픈 일입니다, 부인. 하지만 아직 다 보신 게 아닙니다."

그러자 부인이 대답했다.

"오, 하느님 맙소사!"

나는 오히려 부인이
빠짐없이 다 보기를 바란다.
아주 추한 모습 뒤에는
더없이 위안이 되는 모습도 있기 때문이다.
다른 동네로 가거나
같은 동네를 다른 시간대에 보라.
아침의 도시 풍경을 보면
밤풍경에서 받은 인상이 바뀔 것이다.

아침에 도시에는 열심히 일하는 사람들이 많은데, 그중에서 특히 성실한 청소부를 보라. 방탕하게 즐기던 사람과 불량배들이 떠난 다음에 거리로 나오는 이들의 옷 안에 감춰진 당당한 몸과 진지한 표정을 보라. 얼마나 성실한 태도로 간밤의 흥청이던 잔치의 흔적을 치우는가. 그들은 성대한 연회의 문턱에 선 예언자 같다. 그들은 대부분 나이 든 사람이다. 날씨가 추우면 손에 입김을 분 다음 다시 일을 시작한다. 매일이 이와 같다. 이 사람들 역시 도시의 주민이다.

그런 다음에는 도시 변두리의 공장에, 주인도 직공처럼 일하는 소규모 작업장에 가보라. 열심히 일하는 노동자 무리를 보라. 저 어린 아가씨들은 얼마나 씩씩한가. 멀리 자기가 사는 동네에서 도심에 있는 작업장과 가게, 사무실로 명랑하게 내려온다.

그런 다음, 가정을 방문해서 아낙들이 일하는 모습을 보라. 급여는 적고, 집은 비좁고, 자녀는 많고, 남편은 대부분 무뚝뚝하다. 그들이 살아가는 모습과 소박한 가정의 씀씀이를 여럿 수집해서 오랫동안 잘 살펴보라.

그런 다음에는 학생들을 보라. 길거리에서 난동을 부리는 학생도 많지만, 공부하는 학생은 더 많다. 단, 이들은 자기 집에 있어서 우리가 보지 못할 뿐이다. 대학가에서 학생들이 얼마나 열심히 공부하며 고생하는지 모른다. 자신을 학구적이라 일컫는 젊은이들이 내뱉는 소리로 가득 찬 신문을 읽은 적이 있을 것이다. 신문에서는 유리창을 깨는 학생들에 관해서는 이야기하지만, 밤늦게까지 과학이나 역사 문제를 탐구하는 학생들은 언급하지 않는다. 대중의 관심사가 아니기 때문이다.

예를 들어, 의과대학에 다니는 학생이 자기 일을 하다가 죽으면 신문에 두 줄짜리 부고가 실릴 뿐이다. 반면에 술꾼들 사이에 주먹다짐이 벌어졌다는 기사는 신문의 반 단을 차지한다. 싸움의 세세한 내용이 묘사되고 다뤄져 사진만 실리지 않았을 뿐 영웅을 다룬 기사라고 해도 될 지경인데, 가끔은 사진까지 실리곤 한다.

모든 것을 다 보았다고 말하려면 봐야 할 것이 너무도 많기에 그것을 전부 나열하자면 끝이 없을 것이다. 부유한 사람이든 가난한 사람이든, 학자든 무지렁이든, 사회를 전부 봐야 한다. 그러고 나면 더는 그토록 가혹하게 판단할 수 없을 것이다.

도시는 하나의 세계이고,
한 세계가 으레 그렇듯 악이 으스대며 다니지만,
선은 감춰져 있다.
겉모습만 보면 어쩌면 저렇게 천박한 사람만 많을까
하는 생각이 든다.
그러나 끝까지 파고들어 가보면
이 고통스럽고 어둡고 가끔은 끔찍한 삶에
그토록 많은 미덕이 존재하는 것을 보고 놀란다.

지금 당신과 우리에게 절실한

어째서 나는 이런 말을 길게 늘어놓는가? 이것이야말로 자신을 광고하는 것을 끔찍하게 싫어하는 사람들을 선전하는 일이 아니겠는가. 내 말을 이런 식으로 이해해서는 안 된다. 내 목적은 알려지지 않은 선에 사람들이 주의를 기울이게 하고, 더 나아가 이런 선행을 사랑하고 실천하게 하는 것이다.

번쩍이며 사람들의 눈길을 잡아끄는 것에 만족하는 사람은 나쁜 길로 빠지고 만다. 이러면 일단 악에 노출되고, 그다음으로는 남의 눈길을 받으려는 사람만 좋다고 여기는 습관을 들이고, 주목받기 위해 살려는 유혹에 쉽게 빠진다.

무명의 처지를 참아 내야 할 뿐 아니라 이를 좋아해야 한다. 그러지 않으면 우리는 관객의 시선을 받아야만 몸가짐을 조심하고, 무대에서 받아야 했던 제약을 무대 뒤에서 보상받으려는 단역 배우 수준으로 전락하고 만다. 이는 도덕적 삶의 핵심 요소 중 하나다.

내가 말하는 내용은 행적이 눈에 잘 띄지 않는 이들에게만 적용되지 않는다. 이는 오히려 주역을 맡은 사람에게 더욱 절실한 사실이다. 실속 없이 번쩍이기만 하는 사람이 되고 싶지 않다면, 겉으로는 위풍당당하고 계급장을 달았으나 배짱은 전혀 없는 사람이 되고 싶지 않다면, 동료 중에서 가장 눈에 띄지 않는 사람이 지닐 법한 단순한 마음으로 당신이 맡은 중요한 역할을 해내야 한다.

으스댈 때만 빛나는 사람은 그가 누구든 차라리 없느니만 못하다. 사람들의 주목을 받으며 맨 앞줄에서 걸어야 한다는 어려운 영예를 짊어지고 있는가? 그렇다면 알려지지 않는 선을 행하게 하는 마음의 성스러운 곳을 더욱 정성껏 가꾸며 살아가자.

다른 사람들이 정면을 바라보는 건물에
단순함이라는, 겸허한 충실함이라는
넉넉한 토대를 안겨 주자.
그런 다음, 호의와 감사하는 마음으로
이름 없는 사람들 곁에 머무르자.
우리는 그들에게 모든 것을 빚지고 있다.
그렇지 않은가.

땅속에 감춰진 돌들이 건물 전체를 지탱하고 있는 든든한 경험을 해본 사람 모두를 증인으로 내세운다. 사람들에게 공적으로 인정받은 사람은 모두 이름 없는 영적인 선조들, 그리고 지금은 잊혔지만 영감을 준 몇몇 사람 덕분에 그렇게 된 것이다. 농부와 노동자, 겸손하고 존경받는 부모, 자원봉사자를 포함한 몇몇 선한 사람들은 우리에게 아름답고 고귀한 삶을 몸소 보여준다. 그들이 보이는 모범에서 우리는 영감을 얻고 지지를 받는다.

그들에 대한 기억은
우리 마음에서 절대 사라지지 않는다.
우리는 고통스러운 순간에
용감하고 침착한 그들의 모습을 보고,
그러면 우리가 지고 있는 짐이 더 가볍게 느껴진다.

그들은 보이지 않는 사랑받는 군대가 되어 우리를 촘촘히 에워싸, 우리가 전투에서 비틀거리거나 쓰러지지 않게 도와준다. 이들은 인류의 보물은 세상이 알지 못하는 선이라는 사실을 매일 우리에게 증명한다.

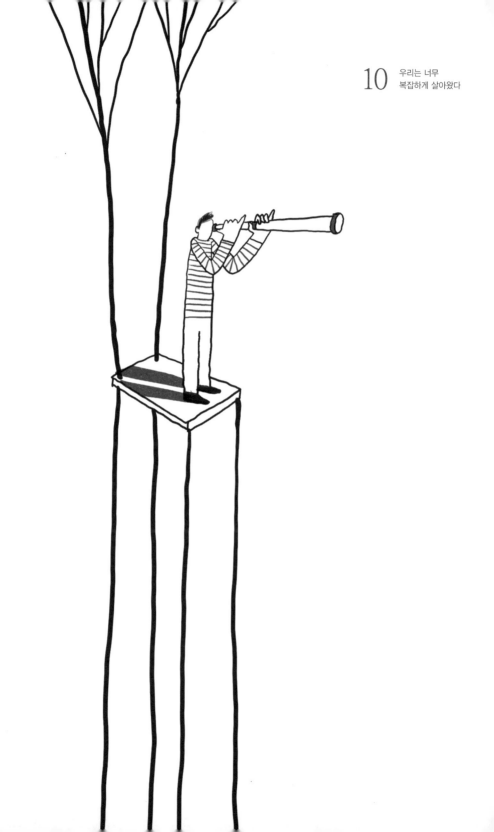

10 우리는 너무
복잡하게 살아왔다

우리가 머물러야 할 자리

사람들은 불건전한 욕망에 굴복해 단순함과 관계를 끊고 말았다. 아버지는 자신의 영예로운 자리를 떠났고, 어머니는 고독하게 아궁이 곁만 지킨 채 시간을 보내며, 아이들은 각자 집을 떠날 날을 기다리며 서로 다툰다.

꺼진 집 안의 불빛을 되살리고, 그곳을 남들이 감히 침범할 수 없는 은신처로 만들자. 우리 아이들이 온전한 사람으로 성장하고, 사랑이 머물며, 편히 쉬고, 늙음이 휴식을 찾으며, 조국이 종교를 찾는 따스한 둥지를.

그가 정작 챙기지 못한 것

제2제정기에 황제 나폴레옹 3세가 자주 찾던 바닷가 휴양지에서 그리 멀지 않은 아름다운 도시가 있었다. 그 도시의 시장은 꽤 존경할 만하고 총명한 인물이었는데, 프랑스의 황제가 어느 날 자기 집을 방문할 수도 있다는 생각에 별안간 이성을 잃고 말았다. 그때까지 그는 아버지로부터 물려받은 오래된 집에서 사소한 추억도 소중히 여기며 살아왔다. 그런데 황제가 집에 올지 모른다는 생각에 사로잡히자마자 그는 완전히 딴사람이 되고 말았다.

그때까지 충분하고 편안하게까지 보이던 것들, 부모와 선조들이 사랑하던 그 모든 단순함이 보잘것없고 추하고 우습게 보이기 시작했다. 그는 황제가 이 나무 계단을 타고 올라오거나, 저 낡은 안락의자에 앉거나, 낡아빠진 카펫에 발을 올려놓는 것을 상상할 수도 없었다. 그래서 건축가와 석공을 불러

벽을 모조리 부수고 칸막이를 허문 다음, 집의 다른 부분에 비해 턱없이 크고 화려한 거실을 꾸몄다. 그리고 자신은 식구들과 비좁은 방에서 불편하게 서로 부대끼며 지냈다.

그는 이렇게 변덕을 부려 돈을 탕진하고 마음도 엉망이 된 채로 황제를 기다렸지만 아쉽게도 제2제정기가 끝날 때까지 황제는 오지 않았다.

이 가없은 남자가 부린 광기는 생각보다 드물지 않다. 이 남자처럼 속물주의 때문에 머리가 돌이 내적인 삶을 희생한 사람은 많다.

이런 희생을 할 위험은 불안한 시대에 더 심하다. 우리 시대 사람들은 이런 위험에 계속 노출되어 있고, 많은 이들이 거기에 굴복하고 만다. 얼마나 많은 가족의 보물이 관례나 속물적인 야망을 만족시키기 위해 얼마나 많은 가족의 보물이 관례나 속물적인 야망을 만족하려고 낭비되어 사라졌는지 모른다. 그런데 이 불경한 희생으로 얻으려던 행복은 오지 않는다. 가족의 안식처를 저버리고, 좋은 전통이 사라지게 놔두고, 집안의 단순한 풍습을 버리는 것은 속임수에 넘어가는 일이다.

내면의 삶이 사회에서 차지하는 역할은 너무도 중요해, 이 삶이 조금만 약해져도 사회 조직 전체에서 혼란이 느껴진다. 사회 조직이 정상적으로 발전하려면 자기만의 가치와 표식을 지닌 강인한 사람들을 필요로 한다. 그러지 않으면 사회는 짐승의 무리, 가끔은 목동 없는 짐승의 무리가 되고 만다.

그렇다면 개인은 자신만의 독창성, 즉 다른 사람과 구별되는 개인의 특질이 모여 환경을 풍성하고 단단하게 해주는 독특한 그것을 어디에서 찾을 수 있을까? 오로지 가족에서만 찾을 수 있다. 각 개인의 마음을 작은 환경과 풍토로 가꿔 주는 가족의 풍습과 기억을 파괴하면 개성의 원천이 말라 없어지고 공공 정신의 뿌리까지 잘린다.

각 가정이 심오하고 존경받는 세계로서 가족 구성원에게 지울 수 없는 도덕적인 흔적을 전수하는 일은 한 나라에 매우 중요한 일이다. 이야기를 더 이어가기 전에 여기에서 생길 수 있는 한 가지 오해를 짚고 넘어가고 싶다.

아름다운 모든 것이 그렇듯
가족 의식도 가족 이기주의라고 불리는
과장된 형태로 존재하기도 한다.

어떤 가족은 굳게 닫힌 요새처럼 외부 세계를 활용하고 착취하기 위해 조직된다. 그들은 자기와 직접 관련되지 않은 모든 일에 무관심하다. 이런 가족은 자기가 속한 사회에서 식민자 내지 침략자로 살아간다. 이 가족들이 지닌 자기중심주의가 극단적으로 이어진 나머지 이들은 인류의 적이 된다. 이 가족들은 역사상 가끔 나타난 강력한 사회의 축소된 형태다. 이 사회들은 세상의 제국을 차지했는데, 이 사회들에서 자기 자신보다 더 중요한 것은 아무것도 없었다. 이런 태도 때문에 가족은 사회 안녕을 위해 파괴해야 할 이기주의의 온상으로 보기도 한다. 그러나 단결심과 당파성 사이에 어마어마한 차이가 있듯이 가족 의식과 족벌주의는 완전히 다르다.

온기 대신 집에 들어온 낯선 손님

내가 여기에서 말하는 것은 가족 의식이다. 세상에서 이것만큼 중요한 것은 없다. 가족 의식에는 사회 제도가 강하게 유지되게 하는 위대하고 단순한 온갖 미덕의 싹이 담겨 있다. 공동의 기억이야말로 가족이 지닌 가장 훌륭한 것이므로 가족 의식의 밑바탕에는 과거를 존중하는 마음이 있다. 감히 손댈 수 없고, 나눠 가질 수 없고, 침해할 수 없는 자산인 이 기억은 성스러운 침적물이다. 가족 구성원 모두는 이 기억을 자신이 지닌 가장 소중한 것으로 여겨야 한다.

　이 기억은 생각과 행동이라는 두 가지 형태로 존재하며 언어, 과거의 선례, 감정, 심지어 본능으로 드러난다. 그리고 물질적인 형태로는 초상화, 사진, 가구, 건물, 의복, 노래로 표현된다. 이런 것은 가족 바깥의 사람이 보기에는 아무것도 아니다. 그러나 가족생활과 관련된 물건을 귀하게 알아볼 줄 아는 사람의 눈에 이것들은 무슨 일이 있어도 버리면 안 되는 유물이다.

지금 이 세상에서는 무슨 일이 벌어지고 있는가?
속물주의가 가족 의식과 전쟁을 벌이는 중이다.
이 싸움은 하나같이 치열하고 격렬하다.
속물적인 정신이 크고 작은 수단을 동원하고
온갖 새로운 습관과 요구를 내걸면서
가정이라는 성스러운 영역을 침범하고 있다.

속물주의라는 이 이방인은 대체 무슨 권리와 자격을 지녔단 말인가? 대체 무엇을 근거로 이렇게 당당하게 요구한단 말인가? 보통 우리는 이렇게 질문하지 않는데, 이건 잘못이다. 우리는 단출하고 초라한 사람이 화려한 손님을 대하는 태도로 이 침입자를 대한다. 하루 다녀갈 뿐인 이 성가신 손님을 위해 정원을 뒤집어엎고, 집안사람들을 닦달하고, 자기 일을 소홀히 한다. 부당하고 어리석은 행동이다. 그 누구 앞에 있더라도 자신의 본모습 그대로 있을 용기를 지녀야 한다.

속물적인 정신은 파렴치하다. 빼어난 품성을 길러 냈으며 여전히 기르고 있는 한 가정이 있다. 사람, 가구, 습관 등 모든 것이 든든히 자리 잡고 있다. 그러다가 결혼, 사업 관계 또는 사교 생활로 속물적인 정신이 이 가정에 파고든다. 이 정신은 가정의 모든 것이 늙어 빠졌고 어설프고 어수룩하다고 느낀다. 세련된 감각이 부족하다는 것이다. 그래서 처음에는 비판하며 신랄하게 비아냥거리기만 한다.

이 순간이 가장 위험하다. 적 앞에서 조심해야 한다. 어찌어찌해서 속물적인 정신의 논리에 휘말리기 시작하면 내일은 가구

하나를 포기하고, 모레는 오래된 훌륭한 전통을, 그리고 서서히 소중한 유물과 익숙한 물건들을 포기할 것이며, 이것들과 더불어 선조에 대한 경애심도 저 골동품 가게로 팔아넘길 것이다.

새로운 습관과 바뀐 환경에서 예전의 친구들과 나이 든 부모님은 어리둥절해 할 것이다. 당신은 한 발 더 나아가 그들까지 치워 버릴 것이다. 속물주의는 낡은 것을 제거하니까. 당신은 이렇게 완전히 뒤바뀐 환경에 놓인 자신의 모습에 놀랄 것이다. 당신에게는 이 새로운 환경에 대한 아무런 기억도 없다. 적어도 속물적인 정신이야말로 제대로 된 상황이라며 만족스러워 할 것이다.

불행히도 이것이 잘못이다.

속물적인 정신 때문에 순수한 보물을
싸구려 고철처럼 내다 버리고 나면
새로운 환경과 모습이 어색하게 느껴질 것이며,
이런 상황이 얼마나 터무니없고
우스꽝스러운지 깨달을 것이다.

그러므로 애초부터 자기 견해를 확신하며 가정을 지키는 것이 낫다.

많은 젊은이들이 결혼하면서 속물적인 정신에 굴복한다. 부모는 그들에게 검소한 삶의 모범을 보였다. 그러나 새로운 세대는 자신들이 보기에 지나치게 소박한 삶을 저버림으로써 삶과 자유에 대한 자기 권리를 확고히 한다고 믿는다. 그래서 이들은 돈을 많이 써 가면서 최신 유행을 따르고 유용한 물건을 헐값에 처분한다. 우리에게 "기억해!"라고 말하는 물건들로 집 안을 채우는 대신, 아직 아무런 생각도 기억도 담기지 않은 완전히 새로운 가구들로 집 안을 채운다.

아니, 내가 잘못 말했다. 이 물건들은 아무 생각도 담지 않은 것이 아니라 쉽고 피상적인 삶을 상징한다. 우리는 이 물건들에 둘러싸여 독한 속물주의의 향기를 들이마신다. 이것들은 호화롭고 정신없이 돌아가는 바깥세상의 삶을 생각하게 한다. 그래서 우리가 바깥세상을 잠시 잊을라치면 다시 그 생각을 되살려 우리에게 다른 방향으로 가라며 이렇게 말한다.

"기억해! 클럽에 갈 시간을, 공연 보러 갈 시간을, 쇼핑할 시간을 잊지 마."

이러다 보니 가정은 오래 떠나 있다가 잠시 와서 쉬는 곳이 된다. 가정에 오래 머무르면 좋을 것이 없다. 그곳은 영혼이 없고 영혼에 말을 걸지도 않기 때문이다. 잠자고 먹는 시간만 빼면 빨리 빠져나와야 한다. 그렇지 않으면 그곳에 틀어박혀 무기력해질 테니까.

미친 듯이 바깥으로 나돌면서 자기가 여기저기 얼굴을 내밀지 않으면 세상이 멈출 거라고 믿는 사람들을 누구나 알고 있을 것이다. 이들에게는 자기 집에 머물러 있는 일이 고역이고, 자신이 집에 있는 모습을 상상할 수 없다. 이들은 가정생활이 너무도 끔찍하기 때문에 자기 집에서 돈 들이지 않고 즐기기보다 돈을 주고 밖에서 지루해 하는 편을 택한다.

따뜻했던 이들은 어디로 갔을까

사회는 서서히 양떼처럼 몰려다니는 삶을 향해 나아가는데, 이를 공공의 삶과 혼동해서는 안 된다. 양 떼의 삶은 햇볕 아래에서 몰려다니는 파리 떼의 삶처럼 하찮다. 어떤 사람의 속물적인 삶은 다른 사람의 속물적인 삶과 똑같은 모습을 띤다. 그리고 이렇게 진부함이 일반화되면 공공의식의 핵심이 파괴된다. 현대 사회에서 속물적인 정신이 어떤 피해를 주는지 보려고 굳이 멀리 갈 필요는 없다.

우리에게 정신적 유산과 균형, 차분한 상식, 자발적인 태도가 크게 부족한 이유 중 하나는 가정생활이 줄었기 때문이다. 대중은 사교계의 뒤를 따르며 속물적으로 옮겨갔다. 가정을 떠나 선술집에 틀어박혀 지내는 것은 속물주의 때문이다. 가난 또는 주거지의 불량함 때문에 사람들이 가정 바깥으로 내몰린다는 설명은 충분하지 않다. 어째서 농부는 자기 아버지와 선조가 그토록 잘 지내던 집을 버리고 술집으로 가는가? 가정은 그대로다. 같은 굴뚝의 같은 난롯불인데, 어쩌다가 저 옛날 저녁 시간에 모두가 한데 모여 즐기던 이 불 주위로 이제 는 가족 몇 명만 간신히 모이는가.

사람들의 마음속에서 무언가가 바뀌었다.
사람들은 불건전한 욕망에 굴복해
단순함과 관계를 끊었다.

아버지는 자신의 영예로운 자리를 떠났고, 어머니는 고독 하게 아궁이 곁을 지키며 아무 일도 하지 않은 채 시간을 보내 며, 아이들은 자기도 각자 집을 떠날 수 있기를 기다리며 서로 다툰다.

가정생활과 집안 전통의 가치를 새로이 배워야 한다. 경건 한 노력 덕분에 몇 가지 유물이 보존되어 과거의 유일한 흔적 으로 남았다. 옛 관습과 지방의 방언, 오래된 민요도 마찬가 지로 세상에서 사라지기 전에 귀한 손길을 만나 보존되었다. 위대한 과거의 남은 이 조각들, 선조의 정신이 담긴 유물을 잘 지켜야 한다. 가족의 전통도 마찬가지다. 소박한 전통이 어떤 형태로든 계속 살아남아 유지되도록 온 힘을 다해야 한다.

우리가 머물러야 할 자리

우리가 언제라도 머물러야 할 곳

모든 사람에게 지켜야 할 전통이 있는 것은 아니다. 그러므로 더욱 가족 문화를 세우도록 노력해야 한다. 이 일을 하기 위해 사람이 많아야 하는 것도, 안정되고 유복한 생활을 누려야 하는 것도 아니다. 가정을 이루려면 가족 의식이 있어야 한다. 작은 마을도 자기만의 역사와 도덕적 기풍을 지닐 수 있는 것처럼 아주 작은 집안에도 영혼이 있을 수 있다. 장소가 지닌 영혼, 인간이 사는 거처가 우리를 둘러싸고 내뿜는 분위기. 이 얼마나 신비로운 세계인가.

한 가정에 방문객으로 찾아가 그 집 문턱을 넘어서면 곧장 무언가 차가운 것이 마음으로 파고들어 당신은 불편함을 느낀다. 알 수 없는 무언가가 당신을 밀어낸다. 그러다 당신이 등 뒤로 문을 닫으면 환영하는 기분 좋은 분위기가 당신을 감싼다. 벽에도 귀가 있다는 말이 있다. 그런데 벽에는 목소리도 있다. 침묵하는 벽은 얼마나 많은 것을 말하는지 모른다.

집 안의 모든 것 위로 사람들의 정신이 떠다닌다. 그리고 이 정신이 강력하다는 증거는 외로이 사는 이들의 집 안에서도 볼 수 있다. 각 집 안의 침실은 얼마나 다른가. 어느 집에는 무기력함과 무관심, 실용적인 분위기가 감돈다.

집에 사는 사람의 생각은
그 사람이 책과 사진을 두는 방식에도 서려 있어서,
모든 것에 무심함이 배어 있다.

다른 집에 가면 삶의 기쁨과 활력이 전달된다. 방문객은 무언가가 자기에게 무수한 방식으로 이렇게 말하는 것이 느껴진다.

"당신이 누구든 단 한 시간만 머무르다 가는 손님이라도 당신이 기분 좋고 평화롭게 느끼기를 바랍니다."

가정생활의 힘, 창가에 두고 사랑으로 키운 꽃의 힘, 할아버지가 볼이 통통한 손주들이 뽀뽀하도록 주름진 늙은 손을 내밀며 앉아 있던 오래된 안락의자의 매력에 대해서는 아무리 말해도 부족할 것이다. 가련한 현대인은 자주 이사하고 변화를 겪는다. 도시와 집, 의복, 신념을 계속 바꾸는 바람에 편히 쉴 곳이 없어졌다.

가정생활마저 버려 불안한 삶의 슬픔과 공허함을 더 키우지 말자. 꺼진 집 안의 불빛을 되살리고, 남들이 감히 침범할 수 없는 은신처를 만들자. 우리 아이들이 온전한 사람으로 성장하고, 사랑이 머물며 편히 쉬고, 늙음이 휴식을 찾으며, 기도가 제단을 찾고, 조국이 종교를 찾는 따스한 둥지를.

몸을 장식하는 데 많은 돈을 들여도, 장식품이 그것을 몸에 두른 사람과 아무
관련 없는 평범한 것이라면 가면이나 분장에 불과할 뿐이다. 사회적 관습에
맞춘 장식으로 자신을 뒤덮으면 나만의 남다른 매력은 사라지고 만다.

단순함으로
아름답게

사물에 영혼을 불어넣고, 그 안에 기분 좋고 섬세한 모습을 부여하는 것은 얼마나 깊고 큰 의미를 띠는가. 이것이 낯선 장식을 어설프게 모방하는 것보다 낮지 않은가. 그럴수록 삶은 아름다움과 매력, 만족감으로 가득 찬다.

누구나 호사를 누릴 수 있다

어떤 사람은 아름다움을 명분으로 삶을 단순하게 하는 것이 결코 옳지 않다고 반박하기도 할 것이며, 호사와 사치스러움이 쓸모 있으며 사업을 활성화하고 예술을 옹호하고 문명화된 사회의 영예를 드높인다는 이론을 내밀면서 내게 항의할 수 있을 것이다. 나는 그들에게 미리 몇 가지를 간략히 지적해 답하고자 한다.

이 책을 쓰는 동기가 실리를 추구하는 정신에서 나온 것은 아님을 독자는 이미 눈치 챘을 것이다. 내가 추구하는 단순함이 구두쇠의 인색함이나 편협한 사람이 엄격주의로 강요하는 단순함과 비슷하다는 생각은 잘못이다. 구두쇠에게 단순한 삶이란 자신이 가진 부에 피해를 주지 않거나 저렴한 삶이다. 편협한 사람에게 단순한 삶은 무미건조하고 아무 일도 하지 않는 삶, 우리에게 미소 짓는 반짝이고 매력적인 모든 것을 스스로 금지하는 삶이다.

나는 돈이 많은 사람들이 자기 재산을 움켜쥐고 있기보다는 보다 널리 유통시켜 상업에 활력을 띠게 하고 예술을 번성시키는 것이 전혀 기분 나쁘지 않다. 그들은 결국 자신의 넉넉한 형편을 훌륭하게 활용할 뿐이니까. 내가 공격하는 것은 어리석은 낭비벽, 부를 이기적으로 사용하는 일, 그리고 무엇보다 꼭 필요한 것을 가꾸는 대신 필요 이상의 것을 찾아 헤매는 일이다.

진정한 예술 후원자가 부리는 호사가
사회에 미치는 영향은,
허영에 찬 생활과 낭비벽으로
주위 사람들을 놀라게 하는
단순한 향락가가 부리는 호사와는 다를 것이다.

여기에서 같은 말은 서로 전혀 다른 것을 가리킨다. 돈을 뿌리는 것이 전부는 아니다. 같은 돈을 갖고 있더라도 뿌리는 방법에 따라 사람은 고귀해지기도 하고 천박해지기도 한다. 게다가 돈을 뿌리는 것은 돈을 넉넉하게 갖고 있음을 뜻한다. 형편이 넉넉지 못한 사람이 호화로운 삶에 집착하기 시작하면 문제는 완전히 달라진다.

놀라운 현상은, 돈을 아껴 써야 할 사람이 돈을 지나치게 낭비하는 것이다. 선심을 쓰는 것이 사회적인 선이라는 사실은 나도 기꺼이 인정한다. 일부 부유한 사람의 낭비벽은 지나치게 많은 부를 배출하기 위한 배수 밸브처럼 생각할 수도 있다. 나는 이런 사실을 반박하려는 것이 아니다. 단지 자기 자신을 위해 사람들이 배수 밸브를 함부로 사용한다는 사실을 지적하고 싶을 뿐이다. 이들의 호사와 허영심은 개인적인 불행이고 공공의 위험이다. 호사와 허영심에 빠져 자신을 잃고 우리가 지켜온 원칙마저 무너진다.

화려함과 아름다움 사이에서

이제 화려함과 아름다움의 문제에 관한 내 생각을 밝히려 한다. 아주 겸손하게, 전문가의 영역을 넘지 않는 선에서 말하겠다.

사람들은 단순함과 아름다움이 서로 맞서 싸운다고 여기는데, 이것은 너무도 팽배해 있는 착각이다. 단순함은 추함과 동의어가 아니며, 사치, 과다함, 지나치게 멋 부림, 값비쌈도 아름다움과 동의어가 아니다.

난잡한 아름다움, 돈이 많이 드는 예술, 우아하지도 않고 영혼도 없는 화려함이라는 요란한 광경에 우리 눈은 상처 입고 지쳤다. 나쁜 취향과 부가 결합한 저급한 예술품을 보면, 저런 것들을 만들 만큼 돈이 넘친다는 사실이 가끔은 유감스럽다. 현대 미술은 문학과 마찬가지로 단순하지 못해 피해를 본다. 쓸데없는 장식, 부자연스러운 수식, 지나치게 꾸며낸 상상력이 넘친다.

분명한 사실이 마음에 감동을 주는 것처럼
선과 형태, 색채에서 보는,
눈길을 감동하게 이어주는 완벽함과 결합한
단순함을 찾아보기란 너무나 드물다.

명작에 서려 있는 영원한 아름다움의 이상적인 순수함, 거기에서 나오는 단 한 줄기 빛만으로도 다른 모든 요란한 과시를 압도하는 그 품에 다시 안겨야 한다.

지붕이 즐거워 웃게 하라

내가 여기에서 말하고 싶은 것은 일상생활에서 만나는 아름다움, 삶이 매력적이 되기 위해 필요한 광택을 띠도록 사람이 사는 장소와 사람의 몸을 장식하기 위해 들여야 하는 정성이다. 이에 신경을 쓰느냐 아니냐는 중요한 일이기 때문이다. 사람이 자기 삶에 영혼을 불어넣는지 여부는 이것으로 알아볼 수 있다.

나는 자신을 아름답게 가꾸고 꾸미는 노력을 쓸데없는 일로 여기지 않고, 오히려 가능한 한 이런 노력을 열심히 기울여야 한다고 생각한다. 빠르게 흐르는 나날을 장식하기 위해 우리가 더하는 섬세한 아름다움의 빛을 멸시하는 사람은 영원히 존재하는 산맥과 잠깐 피어 있을 뿐인 꽃을 그리는 데 똑같은 정성과 사랑을 기울인 '그분'의 의도에서 멀어지는 것이리라.

진정한 아름다움을 거짓 아름다움과 혼동하는 천박한 유혹에 빠져서는 안 된다. 삶의 아름다움은 우리가 삶에 부여하는 의미에서 나온다. 우리의 집, 식탁, 옷치장은 의도를 나타내야 한다. 그리고 이렇게 의도를 불어넣기 위해서는 일단 의도를 지녀야 한다. 의도를 지닌 사람은 이 의도를 아주 단순한 방법으로 느끼게 할 줄 안다. 집과 옷을 우아하고 매력적으로 보이기 위해 부유해질 필요는 없다. 취향과 선한 마음을 지니기만 하면 된다. 이는 모든 사람에게 매우 중요한데, 이 점에 대해서는 아마도 남성보다 여성이 더 관심을 가지리라 생각한다.

여자더러 거칠게 재단한 천을 걸치라 하고 자루를 닮은 밋밋한 옷만 입으라고 하는 사람은 가장 성스러운 자연을 거스르고 세상의 이치를 완전히 잘못 아는 것이다. 만일 옷이 추위와 비로부터 몸을 보호하기 위한 것이라면, 포장용 천이나 동물 가죽으로 충분할 것이다. 그러나 옷은 그 이상이다.

누구나 자신이 하는 모든 일에
온 정성을 쏟는 법이고,
그래서 자신이 사용하는 물건을
상징으로 바꾼다.

의복은 단순한 가리개가 아니라 상징이다. 그 증거로 무척 다양하고 풍성한 나라나 지방의 전통 옷을 들 수 있다. 그리고 몸에 단 장식도 무언가를 표현한다. 장식에 의미가 많이 담길수록 더욱 가치가 있다. 따라서 몸치장이 정말로 아름다워지려면 그것이 우리에게 좋은 것, 개인적이고 진정한 무언가를 나타내야 한다.

다만, 몸을 장식하는 데 아무리 많은 돈을 들여도, 장식품이 그것을 몸에 두른 사람과 아무 관련 없는 평범한 것이라면 가면이나 분장에 불과하다. 순전히 유행을 따라 사회적 관습에 맞춘 장식으로 자신을 뒤덮으면 나만의 매력은 사라지고 만다. 이런 식의 잘못된 몸치장 때문에, 아주 예쁘다고 생각하는 여러 가지가 자신의 아름다움뿐 아니라 그의 가족과 부모의 호주머니 사정에도 피해를 준다.

어느 아가씨가 잘 가다듬은 말로, 심지어 아주 세련된 말로 자기 생각을 표현하지만, 그것이 대화 매뉴얼에 담긴 문장을 그대로 되풀이한 것이라면 어떨까? 이렇게 빌려온 언어가 어떤 매력이 있겠는가. 그 자체로는 훌륭하지만 그것을 몸에 찬 사람과 아무런 연관 없는 치장도 이와 똑같다.

여기에서 벨기에 작가 카미유 르모니에(1844~1913)가 내 생각과 관련해 쓴 구절을 인용하고자 한다.

"자연은 여자의 손가락에 매력적인 기술을 불어넣었다. 여자는 이 사실을 본능적으로 아는데, 이 기술은 누에의 애벌레가 비단실을 뽑듯, 날렵하고 섬세한 거미가 실을 뽑듯 여자가 발휘하는 기술이다. 여자는 시인이요, 우아함과 천진함을 다루는 예술가다. 다른 사람에게 기쁨을 주려는 여자는 그만의 취향을 둘러 입은 신비라는 실을 잣는 존재다. 여자가 다른 분야에서 남자를 닮으려고 기울이는 온갖 재능과 노력은, 자기 옷에 달려고 찾아낸 보잘것없는 천 조각에 담긴 영혼만큼의 가치를 절대로 띠지 못할 것이다."

그리고 말한다.

"그러므로 나는 여자의 이 기술이 달리 숭상 받기를 바란다. 교육이 내밀하고 감춰져 있는 나 자신을 억누르고 남들과 똑같이 키우는 것이 아니라, 자기 정신으로 생각하고 자기 마음으로 느끼고 개인적인 작은 것을 표현하게 하듯, 나는 미래의 어머니인 젊은 여성이 일찌감치 자기 몸을 아름답게 단장하는 어린 예술가이기를, 언젠가 자기 아이들에게 옷을 해 입힐 그녀가 자기 자신에게 옷을 해 입히는 사람이기를 바란다. 여성적인 기교와 개성이라는 최고의 예술 작품을 위해 취향과 즉흥적인 재능을 발휘해서 말이다. 이렇게 만든 원피스가 없다면 여자는 천 뭉치에 지나지 않는다."

자기가 만든 원피스는 대부분 자기한테 잘 어울리고, 어쨌거나 항상 자기 마음에 쏙 든다. 이 사실을 우리 아내들은 너무 자주 잊는다. 여공과 농부 여인도 같은 실수를 저지른다. 이들이 유행하는 패션이랍시고 모조품을 파는 의상실과 모자가게에서 의복을 사 입기 시작하면서, 서민의 의복에서 우아함은 거의 사라졌다. 그러나 자기 지방의 전통 옷을 입은 젊은 여공이나 들판에서 일하는 아가씨만큼 단순해서 아름답고 신선해서 기쁨을 주는 존재가 이 세상에 있던가.

이는 집 안을 배치하고 꾸미는 방식에도 적용된다. 삶에 관한 생각을 전적으로 드러내는 몸치장, 한 편의 시인 모자, 국가를 상징하는 매듭이 있듯이 각기 나름의 방식으로 영혼에 말을 거는 실내 장식도 있다. 집 안을 아름답게 꾸민다는 핑계로 소중한 그 개별적인 특색을 왜 없애려 하는가? 왜 공인받은 천편일률적인 아름다움을 따라야 한다는 이유로 침실을 호텔의 침실로, 거실을 기차역의 홀로 만들려 하는가.

어느 도시의 집들, 어느 고장의 도시들, 어느 거대한 대륙의 나라들을 다니면서 어디를 가도 똑같은 모습을, 너무도 똑같고 많아 짜증 날 지경인 모습만 본다면 얼마나 불행한 일이겠는가. 더욱 단순해진다면 얼마나 더 아름답겠는가. 그런다면 이 싸구려 사치나 겉멋을 부리기는 했지만 평범해서 따분하기 짝이 없는 그 모든 장식 대신 무한히 다양한 모습을 볼 것이다. 행복한 발견에 눈이 즐거울 것이다. 예상하지 못한 채 만나는 무수한 모습에 우리는 기쁠 것이고, 장식 융단이나 가구 하나, 집의 지붕에 개성의 흔적을 새겨 넣어 오래된 물건을 헤아릴 수 없이 귀하게 키워 주는 비밀을 되찾을 것이다.

이제, 더 단순한 쪽으로 이어가자.

요즘 많은 젊은이들이
집 안을 돌보기 위해
구체적으로 이루어져야 하는 작은 일들을
무시하는 경향이 있는데,
이는 무척 널리 퍼져 있는 해로운 혼동에서 비롯한다.

이 혼동은 아름다움은 사물 안에 있거나 있지 않다는 생각이다. 문학적 소양을 닦거나 하프를 연주하는 것처럼 고상하고 우아한 일이 있는가 하면, 신발에 광을 내거나 침실을 빗자루로 쓸거나 국이 끓는지 살펴보는 일 같은 천하고 품위 없는 일이 있다고 생각한다. 이는 너무나 유치한 착각이다. 하프든 빗자루든 그것은 아무 상관이 없다. 그것을 든 손과 그 손을 움직이는 정신에 모든 것이 달려 있다.

아름다움은 사물 안에 있지 않고 우리 안에 있다. 조각가가 자기 꿈을 대리석에 불어넣듯 사물에 아름다움을 불어넣어야 한다. 우리 삶과 우리가 하는 일이 겉으로는 그럴듯해 보여도 많은 경우에 매력이 없는 이유는 우리가 거기에 아무것도 불어넣지 못했기 때문이다. 예술의 극치는 움직이지 않는 것을 살아 있게 하는 것, 야생의 것을 길들이는 것이다.

나는 젊은이들이 영혼 없는 사물들에 영혼을 불어넣는, 진정으로 아름답고 숭고한 기술을 열심히 개발하기를 바란다. 오로지 그들만이 시인이 "지붕이 즐거워서 웃는다"라고 말하게 한 미덕을 집 안에, 세상에 불어넣을 수 있다. 사람들은 요정이 없다고, 어쨌거나 이제 더는 없다고 말하는데, 이는 몰라서 하는 말이다. 시인들이 노래한 요정의 원래 모델은 사랑스러운 집 안과 세상에 여전히 존재한다. 그들은 지금 세상에 나서지 않았지만, 집 안을 청소하고 정리하고 있으며, 힘차게 밀가루를 반죽하고, 착한 마음으로 옷의 찢어진 곳을 깁고, 미소를 지으며 아픈 사람을 간호하고, 요리에 마음을 담고 있다. 그리고 한데 모여 정답게 이야기 나눈다.

화려함을 좇는 사람들 속에 지붕마저 즐거워 웃는 젊은이들을 있다.

나다운 아름다움 나다운 단순함

예술에는 교훈적인 무언가가 담겨 있으며, 우리의 생각과 행동은 장기적으로 우리가 보는 것에 영향을 받는 것은 확실하다. 그러나 예술을 훈련하고 예술품을 감상하는 것은 소수의 사람에게만 주어진 특권이다. 모두가 아름다운 것을 소유하거나 이해하고 창조할 수 있는 것은 아니다.

어디에나 어우러질 수 있는 아름다움이 있다. 우리의 손에서 탄생하는 아름다움이 그것이다. 이 아름다움이 없다면 아무리 화려하게 장식한 집도 싸늘한 거처가 될 뿐이다. 이 아름다움이 있으면 아무리 헐벗은 가정도 활기를 띠고 밝아진다. 의지를 고귀하게 변화시키고 행복을 늘리는 힘 가운데에서 이보다 더 보편적인 힘은 아마도 없을 것이다.

이 아름다움은 최악의 역경 속에서도 더없이 평범한 수단을 동원해서 빛날 수 있다. 방이 비좁고, 돈이 없고, 식탁이 간소할 때도 재능 있는 사람은 식탁에 질서와 청결함과 품위가 서리게 할 수 있다. 그들은 자기가 하는 모든 일에 정성을 쏟아 예술을 불어넣는다. 그것은 부유한 사람들만의 특권이 아니라 모든 사람의 권리다. 그래서 그들은 이 권리를 사용해 돈을 받은 장식가들이 꾸민 집 안에서 찾아볼 수 없는 위엄과 매력을 자기 가정에 불어넣는다.

이런 이해가 바탕이 되면 삶은 이내 알 수 없는 아름다움과 매력, 깊은 만족감으로 가득 찬다.

자기 자신이 되기,
자신의 자연스러운 환경에서
자신이 지닌 아름다움을 실현하기,
이것이 이상적인 일이다.

사물에 영혼을 불어넣고, 사물의 착한 영혼에 더없이 무디고 거친 사람도 느낄 만큼 기분 좋고 섬세한 모습을 외적인 상징으로 부여하는 역할은 얼마나 깊고 큰 의미를 띠는가. 자기가 갖지 못한 것을 부러워하면서 낯선 장식을 어설프게 모방하려는 것보다는 낫지 않겠는가.

내가 소유한 것과 나 자신을 혼동하지 마라. 화려함 뒤에 감춰진 모습을 볼
줄 알고, 그것이 도덕적으로 비참하고 유치하다는 사실을 깨달아야만 한다.
나를 미움 받게 하고 통찰력을 잃게 하는 사람을 경계해야 한다.

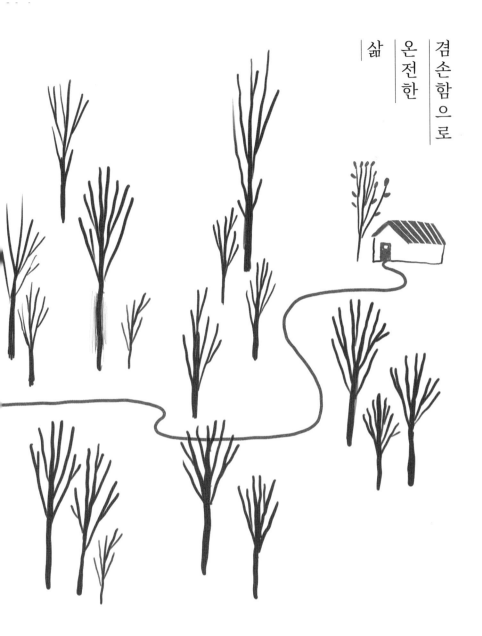

겸손함으로 온전한 삶

많이 알고 있다면 겸손해지자. 지식은 우리가 알지 못하는 것이 얼마나 많은 지 알려주고, 우리가 다른 사람의 노력으로 품은 무수한 지식에 비해 우리가 스스로 발견한 지식이 얼마나 미미한지 알게 해주기 때문이다.

내가 가진 것이 정말 내 모습인가

더 좋고 차분하고 견고한 삶을 향해 가는 길을 가로막는 장애물이 외부 환경보다는 우리 마음속에 있다는 사실을 증명하는 데 오만함보다 더 적절한 것은 없을 것이다.

사회적 조건이 다양하다는, 아니 서로 대비된다는 사실 때문에 필연적으로 온갖 갈등이 생긴다. 그럼에도 불구하고 외적인 필요라는 정해진 틀 안에서 마음을 조금만 다르게 먹으면 사회 구성원들 사이의 관계가 얼마나 단순해지겠는가. 사람들이 혼란에 빠지는 이유가 애초에 계급이나 하는 일, 정해진 운명이 서로 다르기 때문은 아니라는 사실을 분명히 하자. 그렇지 않다면, 서로 비슷한 흥미와 운명을 지닌 모든 사람, 동료와 친구들 사이에는 완벽한 평화가 감돌 것이다.

실제로는 이와 반대로, 비슷한 사람들 사이에서 벌어지는 싸움이 가장 격렬하고, 한 나라에서 벌어지는 내전보다 더 지독한 전쟁이 없음을 우리 모두는 잘 안다. 무엇보다 사람들을 서로 화합하지 못하게 하는 것은 오만함이다. 오만함은 사람을 고슴도치처럼 만들어 다른 사람을 상처 입히지 않고는 그 사람에게 다가갈 수 없게 한다.

마차를 타고 지나가는 부자가 내 마음에 들지 않는 이유는 그의 마차도 아니고, 그의 옷차림도 아니고, 하인의 수나 위풍당당함도 아니다. 그 사람이 내보이는 경멸이다. 그의 재산이 아주 많다는 사실 때문에 내가 상처를 받는다면 그것은 내 성격이 나쁘기 때문일 것이다. 그 사람이 내게 흙탕물을 튀기고 나를 짓밟고 내가 자기 눈에는 아무것도 아니라고 온몸으로 느끼게 한다면 내 기분이 불쾌해지는 것은 당연하다. 결국 그 사람은 내게 고통을, 그것도 불필요한 고통을 주는 셈이다. 그는 나를 아무 이유 없이 모욕하고 무시한다.

이렇게 내게 상처 입히는 오만함에 맞서 들고일어나는 것은 내 천박한 마음이 아니라 가장 고귀한 마음이다.

내가 부러워서 이러는 거라고 비난하지 말라. 그 어떤 부러움도 느끼지 않으니까. 나는 나로서의 존엄이 훼손되었기 때문에 그러는 것이다. 이런 느낌을 굳이 설명하려고 애쓸 필요는 없을 것이다. 태어나서 살아가는 사람은 누구든 내 말을 증명하는 여러 경험을 해봤을 테니까.

물질적인 이윤이 중시되는 어떤 환경에서는 부자라는 오만함이 어찌나 중요한지, 사람들은 주식의 가치를 매기듯 서로 가치를 매긴다. 금고에 얼마가 있느냐에 따라 사람의 가치가 측정된다. 상류사회는 큰 재산을 가진 사람으로, 중산층은 보통 수준의 재산을 가진 사람으로 이루어진다. 그다음으로는 재산이 적은 사람과 아예 없는 사람이 있다.

사람들은 모든 경우에 돈으로 사람의 가치를 매기는 원칙으로 서로를 대한다. 상대적으로 부자여서 자기보다 덜 부유한 사람에게 경멸감을 느끼게 한 사람은, 자기보다 더 부자인 사람에게 경멸을 당한다. 이로써 서로를 비교하는 몹쓸 병이 꼭대기부터 밑바닥까지 걷잡을 수 없이 번진다. 이런 환경에서는 부정적인 감정만이 자랄 뿐이다.

비난해야 할 것은 부유함이 아니라 사람의 마음이다. 어떤 부유한 사람들, 특히 대대로 풍족함에 익숙한 사람에게는 이런 천박한 개념이 없다. 이들에게는 말할 때 부의 차이를 지나치게 드러내지 않는 신중함이 부족하다. 재산이 많아 남아돈다면, 이 사실을 사방에 알리면서 기본적인 것도 가지지 못한 사람에게 충격을 주고, 몹시 가난한 사람 바로 옆에서 사치를 광고할 필요가 있을까.

제대로 된 상식을 지닌 사람이라면 폐결핵으로 죽어 가는 사람 옆에서 왕성한 식욕이나 편안한 수면, 살아가는 기쁨에 대해 말하는 일을 삼갈 것이다.

부유한 사람들은 대체로 요령이 부족한 편인데, 그래서 이들에게는 연민과 신중함도 부족한 것일까? 그렇다면 갖은 수를 써서 자기를 부러워하게 해 놓고는 자기를 부러워한다고 불평하는 것은 그들이 무언가 잘못 생각하는 건 아닐까?

자기 재산을 자랑으로 여기든 자기도 모르게 사치에 이끌려 행동하든 우리에게 가장 부족한 것은 분별력이다. 일단,

부유함을 개인의 장점으로 여기는 것은 어리석은 혼동을 일으
키는 일이다. 겉모습과 내용물의 가치를 이보다 더 순진하게
혼동하는 일은 없을 것이다. 이 문제에 대해 너무 길게 늘어놓
고 싶지는 않다. 괴로운 일이니까. 그러나 탐욕스러운 사람들
에게 다음과 같이 말하지 않을 이유가 뭐겠는가.

"조심하시오.
당신이 소유한 것과 당신 자신을 혼동하지 마시오.
세상의 화려한 모습 뒤에 감춰진 것을 볼 줄 알고,
그 모습이 도덕적으로 비참하고
유치하다는 사실을 깨달으시오."

오만함이 우리에게 쳐 놓는 함정은 사실 너무도 가소롭다.
우리를 가까운 사람에게 미움 받게 하고 통찰력을 잃게 하는
사람을 경계해야 한다.

단순함이 깃든 부유함

부유함 때문에 오만에 빠지는 사람은 뒤이어 중요한 다른 사실을 잊어버린다. 소유하는 것이 사회적 직무라는 사실이 그것이다. 당연히 사적인 소유는 개인의 삶과 자유만큼이나 정당하다. 이 두 가지는 서로 뗄 수 없고, 모든 삶에서 이토록 기본적인 바탕을 공격하는 일은 위험한 환상이다. 그러나 개인은 신경 하나하나까지 사회와 연결되어 있고, 그가 하는 모든 일은 전체의 관점에서 이루어져야 한다. 따라서 소유하는 것은 자만해야 할 특권이라기보다는 막중한 책임이다.

사회적 직무를 수행하려면 힘겹게 학습해야 하는 것과 마찬가지로, 부유함이라 불리는 이 직무를 수행하기 위해서도 학습이 필요하다. 소유하는 방법을 아는 것은 하나의 기술이며, 그것도 배우기가 가장 어려운 기술 중 하나다. 가난하든 부자든 사람들은 대부분 풍족하면 그냥 그대로 되는 대로 살

겸손함으로 온전한 삶

면 된다고 생각한다. 이 때문에 부유하게 살아가는 방법을 아는 사람이 그토록 적은 것이다.

> 종교 개혁가인 마틴 루터의
> 유쾌하고도 신랄한 비유에 따르면,
> 부유함은 대부분 사람들에게
> 당나귀의 다리에 걸린 하프와 같다.
> 이들은 부를 사용히는 방법을 전혀 모른다.

그러므로 부유하면서 동시에 단순한 사람을, 즉 자신의 부유함을 인간적인 임무를 수행하기 위한 수단으로 여기는 사람을 만나면, 분명히 대단한 사람이므로 그를 존경해야 한다.

그는 장애물을 이겨냈고, 시련을 넘어섰으며, 천박하거나 미묘한 유혹을 이겨냈다. 그는 지갑에 든 내용물과 머리나 마음속 내용물을 혼동하지 않으며, 다른 사람을 숫자로 평가하지 않는다. 그의 특별한 처지는 그를 높이 들어 올리는 것이 아니라 그에게 모멸감을 느끼게 한다. 그는 자신이 의무를 충분히 다해 내기에 얼마나 부족한지 잘 알기 때문이다. 그는 계속 온전한 사람으로 남아 있고, 이는 모든 것을 말해 준다. 그는 친절하고, 남을 기꺼이 도우며, 자신의 재물을 다른 사람과 자기를 가르는 장벽으로 사용하는 것이 아니라 다른 이들과 계속 더 가까워지는 수단으로 삼는다.

오만하고 이기적인 많은 사람들 때문에 부자라는 직무가 변질했어도, 정의에 무감각하지 않은 이들이라면 누구나 이런 사람을 높이 평가한다. 누구나 그에게 다가가 그가 살아가는 모습을 보면 자기 자신을 되돌아보고 이렇게 스스로 묻는다.

'내가 저런 처지였다면 어떻게 했을까?'

'내가 저런 재물을 갖고도 그게 마치 남의 재물인 양 저렇게 겸손하고 초연하고 바른 태도를 보일 수 있을까?'

세상과 사회가 존재하는 한, 맹렬한 이해 충돌이 존재하는 한, 욕심과 이기주의가 이 땅에 존재하는 한, 단순함의 정신이 깃든 부유함만큼 훌륭한 것은 없을 것이다. 이런 부유함은 용서받는 것을 넘어 사랑받을 것이다.

참된 힘은 마음에서 우러나므로

부 때문에 생긴 오만함보다 더 큰 해를 끼치는 것은 권력 때문에 생긴 오만함이다. 여기에서 권력이란 어떤 사람이 다른 누군가에 대해 지닌 광범위하거나 제한된 모든 영향력을 뜻한다.

세상에 서로 다른 권력을 지닌 사람이 존재하는 상황을 피할 도리는 없다. 모든 조직에는 힘의 위계가 있다. 우리는 이 상황에서 절대 벗어나지 못할 것이다. 그런데 아쉽게도, 권력을 좋아하는 취향은 널리 퍼져 있지만 권력을 사용하는 정신은 거의 찾아보기 힘들다. 권력을 잘못 이해하고 남용한 나머지 어떤 권한을 조금이라도 지닌 사람은 거의 어디에서나 그 권한을 올바르지 않게 쓰고 만다.

권력은 그것을 가진 사람에게 매우 강한 영향을 끼친다. 권력을 지녔어도 마음이 혼탁해지지 않으려면 정신이 강해야 한다. 로마 황제들이 권력의 절정기에 사로잡힌 광기는 어느 시대에서나 찾아볼 수 있는 보편적인 질병이다. 모든 사람의 마음속에는 독재자가 잠자고 있어 적당한 기회에 깨어나기만을 기다린다. 그런데 독재자는 권력의 최악의 적이다. 권력에 더없이 추한 이미지를 덧씌우기 때문이다.

그래서 무수한 사회적 문제와 갈등, 증오가 생긴다. 자기한테 의존하고 있는 사람에게 내가 원하니까, 또는 더 나아가 내 즐거움을 위해 이러저러한 일을 하라고 말하는 사람은 너무나 나쁘다.

우리 모두의 마음속에는
개인적인 권력에 저항하게 하는 무언가가 있는데,
이것은 매우 존중받아야 한다.

왜냐하면 우리는 모두 원래 평등하고, 단지 그는 그이고 나는 나라는 이유로 내게 복종을 강요할 권리를 지닌 사람은 아무도 없기 때문이다. 만약 이런 일이 생긴다면 그 사람의 명령 때문에 나는 비천해지는데, 자신을 비천하게 하는 것은 용납할 수 없는 일이다.

교만한 태도로 권력을 행사하는 사람이 얼마나 나쁜 일을 하는지 조금이라도 알려면 학교나 직장, 군대, 행정 기관을 경험해 보고, 주인과 하인의 관계를 가까이에서 지켜보고, 사람이 다른 사람을 지배하는 곳 구석구석을 살펴봐야 한다. 이들은 자유로운 영혼을 전부 노예의 영혼, 즉 반항하는 영혼으로 바꿔 버린다.

이런 해롭고 반사회적인 결과는, 명령하는 사람의 처지가 복종하는 사람의 처지와 비슷할 때 더욱 확실해진다. 가장 무자비한 독재자는 작은 독재자다. 작업장의 책임자나 감독은 공장의 사장이나 주인보다 훨씬 더 잔인하다. 하사가 대령보다 병사에게 더 엄하게 구는 것도 마찬가지다. 안주인이 하인보다 교육 수준이 별로 높지 않은 집안에서는 이 둘 사이에 강제 노역자와 간수 같은 관계가 생긴다. 자기 권력에 도취한 하급자의 손에 내던져진 사람은 어디에서나 불행할 수밖에 없으니.

권력을 행사하는 사람이 지닌
첫 번째 의무는 겸허해야 한다는 사실을
우리는 너무 자주 잊는다.
거만함은 권위가 아니다.

우리가 법은 아니다. 법은 모든 사람 위에 있다. 우리는 법을 해석할 뿐으로, 다른 사람이 법을 지키게 하려면 우리 자신이 먼저 법을 따라야 한다. 사회에서 명령과 복종이란 결국 '자발적인 복종'이라는 하나의 미덕이 지닌 서로 다른 두 형태다. 대체로 당신이 먼저 복종하지 않았으므로 우리는 당신에게 복종하지 않는다.

단순하게 명령할 줄 아는 사람만이 도덕적 지배력을 행사하는 비밀을 안다. 이들은 현실의 냉혹함을 정신의 힘으로 부드럽게 한다. 그들의 권력은 계급장에 있는 것도, 직위나 처벌 방식에 있는 것도 아니다. 이들은 회초리를 사용하지도 않고 협박하지도 않지만 모든 것을 얻어낸다. 어째서일까? 이들 자신이 무엇이든 할 준비가 되어 있음을 모두가 느끼기 때문이다.

누군가가 다른 사람에게 시간과 돈, 열정, 심지어 생명까지 바치라고 요구할 권리를 부여하는 것은 요구하는 사람 자신이 이 모든 희생을 감수할 각오가 되어 있을 뿐 아니라 이미 마음속으로 미리 이런 희생을 치렀다는 사실이다. 이런 마음을 지닌 사람이 내리는 명령에는 강력한 힘이 담겨 있고, 이힘은 복종하고 의무를 행해야 하는 사람에게 전달된다.

모든 활동 영역에는 자기 병사들에게 사기를 불어넣고 이들을 지지하고 열광하게 하는 지도자가 있다. 그의 지휘를 받는 부대는 엄청난 일들을 해낸다. 이런 지도자와 함께라면 온힘을 다할 수 있을 것 같고 불도 가로질러 갈 수 있을 것이다. 그것도 기꺼운 마음으로.

오만함으로 자신을 내몰지 말아야

그런데 높은 사람들만 오만한 것이 아니다. 높은 사람들의 오
만함에 뒤지지 않고 이와 짝을 이루는 낮은 사람의 오만함도
있다. 이 두 오만함의 뿌리는 같다. "내가 법"이라고 말하는
부류에는 태도만으로도 반감을 불러일으키는 저 도도하고 강
압적인 사람뿐 아니라 자기 위에 무언가가 있다는 사실을 인
정하고 싶지 않은 괴팍한 하급자도 있다. 자기보다 우월한 것
이라면 무엇에든 짜증을 내는 사람은 실제로 너무나 많다. 이
들에게는 모든 견해가 공격이고, 비판은 전부 사기이며, 모든
질서는 자신의 자유에 대한 침해다. 이들은 규율을 견딜 수 없
다. 무언가 또는 누군가를 존중하는 일은 이들에게 정신적으
로 혐오스러운 일처럼 보인다. 이들은 자기만의 방식으로 우
리에게 이렇게 말한다. 자기 바깥에는 그 누구를 위한 자리도
없다고.

오만한 사람에는 완고하며 과장하기 쉬운 모든 사람도 포함되는데, 보잘것없는 처지에 있는 이들은 상급자가 자기를 충분히 인정해 주지 않는다고 생각한다. 이들은 가장 인간적이고 선한 사람도 만족시킬 수 없으며, 자기가 피해자인 양 자기 의무를 수행한다. 이 슬픈 마음의 밑바닥에는 당치 않은 자존심이 있다. 이들은 자기 자리를 단순하게 지킬 줄 모르고, 부당한 속셈을 가지고 당치 않은 것들을 요구하면서 자기 삶과 다른 사람들의 삶을 복잡하게 한다.

가까이에서 열심히 연구하다 보면, 평범한 사람들 중에도 오만한 부류가 많이 숨어 있는 것을 보고 놀란다.

이 오만이라는 악덕의 힘은 매우 강해,
어려운 형편으로 근근이 살아가는 사람을
두꺼운 벽으로 에워싸
다른 사람들로부터 고립시키기에 이른다.

세상의 권력가들이 자신의 귀족적 편견 너머 접근할 수 없는 곳에서 지내듯, 이들은 자신의 야망과 경멸하는 마음에 갇혀 다른 이들과 분리되어 지낸다. 힘없는 사람에게서든 높은 사람에게서든 오만함은 인류에게 적대적인 음울한 왕위를 걸쳐 입고 있다. 가난한 사람에게서든 부유한 사람에게서든 오만함은 모두를 경계하며 모든 것을 복잡하게 하기 때문에 항상 무력하고 고독하다.

서로 다른 계층 사이에 증오와 적의가 그토록 만연한 것은 외적인 조건에서 어쩔 수 없이 생기는 필연 때문이라기보다 내적인 마음가짐에서 생기는 필연 때문이라는 사실은 아무리 강조해도 지나치지 않다. 이해 충돌과 서로 대비되는 처지 때문에 사람들 사이를 가르는 도랑이 깊어진다는 사실을 아무도 부인할 수 없다. 그러나 오만함은 이 도랑을 뛰어넘을 수 없는 수렁으로 바꾸고, 이쪽 편에 홀로 서서 저쪽 편을 향해 외친다. 우리가 당신들과 공유하는 것은 아무것도 없다고.

가질수록 겸손하고 겸손하라

이것으로 오만함에 대한 이야기가 끝난 것은 아니며, 그 다양한 모습을 이루 다 설명하기란 불가능하다. 나는 오만함이 지식 분야에 끼어들어 지식을 빈약하게 할 때 특히 참을 수 없다. 우리는 부유함이나 권력처럼 지식도 다른 사람들 덕분에 얻는다. 지식은 사회에 기여해야 하는 사회적인 힘이고, 지식이 사회에 기여하려면 지식을 가진 사람이 무지한 사람과 마음으로 가까워져야 한다. 지식은 야망의 도구가 되면 저절로 파괴된다.

선량한 사람의 오만함은 어떤가? 이런 오만함도 존재하는데, 이는 미덕을 증오하게까지 한다. 다른 사람들이 저지르는 악행을 스스로 회개하는 의인은 사회 연대와 진실을 실천한다. 반대로 실수와 악행을 저질렀다며 다른 사람을 경멸하는 의인은 인류와 담을 쌓고, 그가 지닌 장점은 허영심이라는 허

황한 장식품의 수준으로 떨어져 선함이 없는 부유함, 복종하
는 마음을 부드럽게 하지 못하는 권위를 닮는다.

거만한 미덕은 교만한 부자나
오만한 주인만큼 고약하다.
거만한 미덕은 사람에게 반항하는 행위와
태도를 불러일으킨다.

그 모습은 우리를 이끌어 주기보다는 멀리 밀어내고, 거만
한 미덕이 누군가가 선한 일을 했다고 추켜세우면 그 사람은
모욕을 당했다고 느낀다.

이제 결론을 맺을 때

우리가 지닌 이점이 무엇이든 그것이 우리의 허영심을 충족하기 위해 사용되어야 한다고 생각하는 것은 잘못이다. 이런 이점은 하나같이 그것을 누리는 사람에게 자만할 이유가 아닌 의무다. 물질적인 부, 권력, 지식, 마음과 정신의 장점이 오만함을 기르는 데 사용되면 곧 불화를 일으킨다. 이런 것들은 지닌 사람이 이를 겸허하게 받아들일 때만 유익하다. 많은 것을 지녔다면 겸손해지자. 이는 우리가 빚을 지고 있음을 뜻하기 때문이다. 사람이 소유한 모든 것은 누군가에게 빚진 것으로, 우리가 이 빚을 전부 갚을 수 있다고 확신하는가?

중요한 책무를 지고 있고 다른 사람들의 운명을 좌지우지할 수 있다면 겸손해지자. 통찰력이 있는 사람이라면 이토록 막중한 의무를 해내기에 자기 능력이 부족하지 않다고 느끼지 않을 수 없으니까.

많은 것을 알고 있다면 겸손해지자. 지식은 우리가 알지 못하는 것이 얼마나 많은지 알려주고, 우리가 다른 사람의 노력으로 품은 무수한 지식에 비해 우리가 스스로 발견한 지식이 얼마나 미미한지 알게 해주기 때문이다.

우리가 미덕을 지녔다면 더욱 겸손해지자.

훈련된 의식을 지닌 사람만큼
자신의 결점을 잘 느끼는 사람은 아무도 없으니,
이 사람은 그 누구보다도 타인에게 너그럽고
악을 행하는 사람을 위해서도
고통 받을 필요를 느낄 것이기 때문이다.

자신을 낮추고 기꺼이 손을 내밀어야

"그래도 사람들을 서로 구별하는 건 필요한데 이런 구별은 어떻게 합니까?"

이렇게 물을 사람도 있을 것이다.

"단순함을 강조하느라 사회가 잘 돌아가기 위해 반드시 유지해야 할 거리를 모두 지울 작정입니까?"

나는 거리를 두거나 구별하는 일을 아예 없애겠다는 것이 아니다. 그런데 어떤 사람을 구별하는 것은 계급이나 직위, 유니폼이나 재산에 있지 않고 오로지 그 사람 마음속에 있다고 생각한다.

이 시대는 과거 그 어느 때보다 순전히 외적인 구별이 덧없음이 분명해졌다. 이제는 황제의 외투를 걸치거나 왕관을 쓰는 것만으로는 돋보이거나 중요한 인물이 될 수 없다. 계급장이나 가문의 표식 또는 휘장을 두른 것이 무슨 소용인가. 외적인 표식에는 그 나름의 뜻과 용도가 있으니 이를 비난할 일은 아니다. 단, 이런 표식은 공허한 것이 아닌 무언가를 가리켜야 한다. 이런 표식이 아무 의미도 띠지 않으면 불필요하고 위험해진다.

진정으로 자신을 구별하는 유일한 방법은
스스로 더 큰 가치를 띠는 것이다.
그토록 필요하고 훌륭하다고 생각하는
사회적 구별이 실제로 지켜지기를 원한다면,
당신이 먼저 그 원칙을 따르고
그에 걸맞은 사람이 되어야 한다.

그러지 않으면 당신의 태도 때문에 사회적 구별은 증오와 경멸의 대상이 될 것이다.

우리에게서 존경하는 마음이 점점 줄어드는 것은 불행히도 확실한 사실인데, 이는 존중받고자 하는 사람을 구별하는 표시가 없기 때문이 아니다. 이런 나쁜 상황은, 높은 지위를 지닌 사람이 그런 지위를 지녔으니 일상적인 의무를 다하지 않아도 된다는 편견에서 생긴다. 우리는 자신을 높임으로써 규율을 지키지 않아도 된다고 믿는다. 그래서 지위가 높아질수록 복종하는 겸손한 마음이 더 커져야 한다는 사실을 잊는다. 그 결과, 자기가 책임을 지녔으니 더 많이 존경받기를 요구하는 사람은 이런 존경을 받으려는 노력을 가장 덜 한다. 이래서 존경심이 줄어드는 것이다.

유일하게 해야 할 구별은 더 나은 사람이 되려는 노력에 따른 구별뿐이다. 더 나은 사람이 되기 위해 노력하는 사람은 자기에게 존경을 표해야 하는 이들을 대할 때도 더 겸손하고 더 가깝고 친근해진다. 그런데 그는 다른 이들과 가까이 지낼수록 더 좋고, 그렇다고 위계질서가 흐트러지지도 않는다. 그리고 오만함을 덜 뿌린 만큼 존경하는 마음을 더 많이 거두어들인다.

부모에게 공경을 표하는 것은 곧 자녀에 대한 의무를 다하는 일이다. 부모가
나이 들고 노쇠하고 허약한 할아버지에게 공경하는 태도를 보이는 것만큼 자
녀에게 깊은 인상을 주고 겸손한 마음을 갖도록 하는 길은 없다.

자녀에게 물려주어야 할 것

아이들이 몸을 움직이는 일과 적당한 결핍에 익숙해지게 하라. 맛있는 음식과 편안한 침대만 찾기보다는 맨바닥에서 잘 수 있고 피로를 견디게 하라. 그러면 아이는 독립적이고 누구보다 행복해지는 법을 깨달을 것이다.

우리 아이는 얼마나 잘 크고 있을까

단순한 삶은 무엇보다 마음이 어디를 향하느냐에 따라 나오는 결과물이므로, 여기에 교육이 큰 영향을 미치는 것은 당연하다.

자녀를 양육하는 방법은 대체로 두 가지다. 첫 번째는 부모 자신을 위해 자녀를 양육하는 것이고, 두 번째는 자녀 자신을 위해 자녀를 양육하는 것이다.

첫 번째의 경우, 부모는 자녀를 자신을 보충하는 대상으로 여긴다. 자녀는 부모의 소유물이고 부모가 지닌 물건 가운데 한 자리를 차지한다. 부모가 가족애를 중요하게 여긴다면 이 자리는 가장 귀한 자리일 수 있다. 그러나 물질적 이해관계가 가장 중요하면 자녀는 두 번째나 세 번째 또는 끝자리를 차지한다. 그 어떤 경우에도 자녀는 중요한 존재가 아니다. 어려서 아이는 부모 주위를 맴돈다. 이는 물론 순종하는 마음 때문이기도 하지만, 자녀라는 존재와 그 자발성이 전적으로 부모에게 종속되어 있기 때문이기도 하다.

자녀가 나이 들수록 이 종속 관계는 강해지고, 자녀의 생각과 감정, 다른 모든 것을 몰수하고 박탈하는 지경까지 이른다. 자녀는 계속 어린아이로 머물고, 서서히 독립하는 대신 노예로 살아간다. 이 자녀는 부모가 허락한 모습, 부모의 장사나 사업, 종교적 신념, 정치적 견해, 아름다움에 대한 취향이 요구한 모습 그대로다. 그는 부모가 독단적으로 제시한 방향과 한계 안에서 생각하고, 말하고, 행동하고, 결혼하고, 자녀를 낳아 식구를 불릴 것이다.

가족의 이러한 독단적인 태도는 전혀 그럴 마음이 없는 사람들도 행한다. 자녀가 자신이 부모의 소유물이라고 여기고, 그것이 세상의 이치라고 믿으면 그렇게 말하고 행동한다. 부모는 신체적인 힘이 달리면 다른 방식으로, 즉 한숨이나 애원, 저열한 유혹으로 자녀를 지배한다. 부모가 자녀를 꽁꽁 묶어둘 수 없다면 끈끈이로 붙들어 함정에 빠뜨릴 것이다. 자녀는 부모 안에서, 부모에 의해, 부모를 위해 살아갈 것이다. 이것만이 용납되는 유일한 방식이니까.

이런 식의 교육은 가정에서뿐 아니라 대규모 사회조직에서도 이루어진다. 이런 조직의 주요 기능은 새로 온 사람들을 손아귀에 넣어 기존의 틀에 절대 저항할 수 없게 가두는 것이다. 조직은 개인을 축소하고 분쇄해서 사회조직에 흡수하는데, 신정 정치 조직이든 공산주의 조직, 아니면 관료적이고 관습에 젖은 조직이든 마찬가지다. 겉으로 보기에 이런 조직은 단순한 교육을 이룰 이상적인 환경이다.

실제로 그 방법론도 단순하다. 만일 인간이 어떤 중요한 존재가 아니고 인류라는 종의 한 표본에 불과하다면 이런 교육이야말로 완벽할 것이다. 같은 종의 야생 동물과 물고기, 곤충이 전부 똑같은 줄무늬를 지닌 것처럼 우리가 모두 똑같은 취향과 언어, 심지어 신념과 경향을 띠어 똑같다면 말이다.

인간은 종의 한 표본이 아니고,
이 때문에 이런 식의 교육은 그 결과를 볼 때
전혀 단순하다고 할 수 없다.
사람은 저마다 서로 다르기 때문에
개별적인 생각을 축소하고 잠재우고 끄려면
무수히 많은 방법을 찾고 궁리해야 한다.

이렇게 하는 데 혹시 성공한다 해도 이는 부분적인 성공일 뿐이고, 이 때문에 모든 면에서 끊임없이 문제가 생긴다. 내부에서 저절로 힘이 생겨나 매순간 균열이 생기고, 이 힘이 휘몰아쳐 폭발과 혼란, 심각한 무질서를 일으킨다. 기관이 완전히 장악하고 있어서 아무 일도 벌어지지 않는 곳에는 그 밑바닥에 악이 도사리고 있다. 겉으로 보이는 질서 아래에는 은밀한 반란, 비정상적으로 살아가며 생긴 결함, 무기력, 죽음이 감춰져 있다.

비슷비슷한 열매를 생산하는 체계는 나쁘다. 이 체계가 아무리 단순해 보여도 거기에서는 결국 온갖 문제가 생기게 마련이다.

로봇을 만드는가 폭군을 키우는가

두 번째 체계는 정반대다. 이 체계에서는 자녀가 자녀 자신을 위해 양육된다. 여기에서는 역할이 완전히 뒤바뀌고, 부모는 자녀를 위해 존재한다. 자녀는 태어나자마자 중심이 된다. 아기의 곱슬머리 앞에서 할아버지 할머니의 희끗희끗한 머리와 부모의 듬직한 머리가 수그러진다. 아이의 혀 짧은 말은 곧 이들이 지켜야 할 법이다. 손짓 한 번이면 족하다. 아기가 한밤중에 요람에서 큰 소리로 울기라도 하면 피곤해도 소용없다. 온 집안이 깨어 움직여야 한다.

집안에서 가장 어린 아이는 자기가 최고 권력자라는 사실을 금세 눈치 채고, 아직 걸음마도 떼지 않았는데 이미 권력에 취한다. 아이가 자라면 이는 더 심해지고 발전한다. 부모, 조부모, 하인, 교사, 모든 사람이 아이의 명령에 따른다. 아이는 숭배와 가족의 희생을 받으며, 자기가 가는 길에서 비켜서지 않는 사람은 누구든 반항자 취급을 한다. 오직 자기밖에 없다. 이 아이는 유일하며 완벽하며 결함이 없다.

가족은 뒤늦게 주인을 키웠다는 사실을 깨닫는데, 이 주인이란 대단해서 다른 사람의 희생은 다 잊어버리고 아무런 존경심도 연민도 없다. 이런 사람은 자기가 모든 것을 빚진 사람들을 전혀 생각할 줄 모르며, 규율도 제어 장치도 없는 삶을 살아간다.

이런 교육도 사회적 형태로 존재한다. 과거가 중요하지 않은 곳, 역사가 지금 살아 있는 사람들과 더불어 시작하고, 전통도, 규율도, 존경심도 없는 곳, 가장 무지한 사람이 큰소리치고, 공권력을 대표해야 할 사람들이 아무도 존중하지 않고 큰 소리로 떠드는 사람 앞에서 절절매는 곳이면 어디든 이런 교육이 판을 친다. 이런 교육 때문에 일시적인 열정이 지배하고 저급한 독단이 승리한다.

환경이 지나치게 중시되는 교육과 개인이 중시되는 교육 이 두 가지를 비교해 보자. 전자는 전통이 절대시되는 교육이고, 후자는 가장 어린 사람이 독재하는 교육이라 할 텐데, 나는 이 둘이 마찬가지로 해롭다고 생각한다. 무엇보다 가장 해로운 것은 이 둘이 결합해 반은 로봇이고 반은 폭군이어서 맹종과 반항 또는 지배하려는 마음 사이를 끊임없이 오가는 사람이 되는 것이다.

아이에게 삶을 가르쳐야 할 때

자녀는 자녀 자신을 위해 자라서는 안 되고 부모를 위해 길러도 안 된다. 사람은 특출하고 특별한 인물 또는 하나의 표본이 되도록 태어난 존재가 아니기 때문이다. 자녀는 삶을 위해 양육해야 한다. 자녀 교육의 목적은 자녀가 인류의 활동적인 구성원이자 강력한 형제애를 실천하는 사람, 자유 의지로 공동체에 봉사하는 사람이 되도록 돕는 것이다. 이와 다른 원칙으로 교육하는 것은 삶을 복잡하게 하고 비틀고 온갖 무질서의 씨앗을 뿌리는 일이다.

자녀의 운명을 한마디로 요약하면 가장 먼저 '미래'라는 말이 떠오른다. 자녀는 미래다. 이 말에 모든 것, 과거의 수고, 현재의 노력과 희망이 담겨 있다.

그런데 자녀 교육이 시작되는 순간에 아이는 이 미래라는 말이 무엇을 뜻하는지 이해할 능력이 없다. 이 시기에 아이는 순간적인 감각에만 사로잡혀 있기 때문이다. 그렇다면 누가 아이에게 처음으로 빛을 비춰 주고 나아가야 할 길로 가도록 이끌어 줄 것인가? 부모와 교육자다. 그런데 조금만 잘 생각해 보면 이들은 자기가 하는 일이 단지 자신과 아이에게만 관련되지 않고, 개인을 넘어선, 개인을 뛰어넘는 이득을 위한 것이라고 느낀다. 이들은 아이를 끊임없이 미래의 시민으로 여겨야 한다.

이 사실을 염두에 두다 보면 서로 상보적인 두 가지에 신경 쓸 것이다.

하나는 자녀의 마음속에 움트는
그 아이만이 지닌 최초의 힘으로,
이 힘은 점점 커져야 한다.
그리고 다른 하나는 이 힘의 사회적 목적이다.

부모나 교육자는 자녀를 교육하는 내내 자기에게 맡겨진 이 어린 존재가 자기 자신이자 남들도 형제자매처럼 아끼는 존재가 되어야 한다는 사실을 염두에 둘 것이다.

이 두 가지 조건은 서로 배척하는 것이 아니라 오히려 서로 결합해 뗄 수 없는 하나로 만난다. 자신의 주인이 되지 않으면 남을 아끼고 사랑하는 사람이 되고 자신을 내어 주는 일은 불가능하다. 반대로, 살아가며 만나는 여러 어려움을 겪으며 다른 사람과 내밀하게 엮이는 존재의 깊숙한 근원까지 내려가 보지 못하면 아무도 자신의 주인이 되고 자신을 타인과 구별되는 존재로서 이해하지 못한다.

자녀가 자기 자신이 되고 다른 사람을 사랑하는 사람이 되도록 도우려면 무질서한 힘의 폭력적이고 해로운 작용에 맞서 자녀를 보호해야 한다.

이 힘은 우리 밖에도 있고 안에도 있다. 밖에서 우리는 모두 물질적인 위험뿐 아니라 다른 사람이 우리에게 가하는 폭력적인 간섭에도 위협을 받는다. 안으로는 자기 자신을 과대평가하려는 마음과 이 마음이 만들어 내는 온갖 욕망으로 위협받는다. 교육자가 아이에게 지나치게 영향력을 행사하면 몹시 위험하다.

강자의 권리는 교육에 매우 쉽게 스며든다.

교육하려면 교육자는 먼저 이 권리를 포기해야 한다.

즉, 자기를 내세워서 우리를 타인, 심지어 우리 자녀의 적으로 삼게 하는 열등한 감정을 버려야 한다.

권위는 우리보다 높은 다른 권위에서 나와야만 좋은 권위가 된다. 이 경우에 우리의 권위는 유익할 뿐 아니라 필요한 것이 되어, 사람을 안으로부터 위협하는 가장 큰 위험, 즉 자기 자신을 지나치게 중요하게 생각하는 마음이 생기지 않도록 막아 준다. 어린 시기에는 자기중심적인 생각이 너무도 강렬하므로, 균형을 맞추기 위해 고요하고 우월한 의지가 이 강렬함을 가라앉혀야 한다.

교육자의 본래 역할은 자녀에게 가능한 한 꾸준하고 객관적으로 이 고요한 의지가 되어 주는 것이다. 이럴 때 교육자는 세상에서 가장 존경스러운 사람이 된다. 이들은 아이를 짓누르지 않는다. 반대로 이들이 아이에게 전하는 의지와 영향은 아이의 에너지를 성장하게 하는 좋은 양식이 된다. 이렇게 영향을 미치다 보면 아이에게 자유로운 품성이 생기는 바탕인 순종하는 마음, 풍요로운 순종이 길러진다.

부모와 스승, 교육기관에서 교육자 개인만 내세우는 권위는, 무성한 가시덤불 아래에서 자라는 어린 식물이 시들어 죽듯 아이에게 해로운 영향을 아이에게 미친다. 개인을 넘어선 권위는 오래된 훌륭한 현실을 몸소 먼저 따르는 사람에게서 나오는 것으로, 이 권위는 강력하고, 자기 나름의 방식으로 우리에게 영향을 미치며 우리 삶에 양분을 공급하고 우리 삶을 단단하게 해준다. 이 권위가 없으면 교육도 없다. 잘 지켜보고, 방향을 제시하고, 저항하는 것, 이것이 교육자가 할 일이다.

교육자는 아이가 잘하면 뛰어넘을 수도 있을 허구의 장벽으로 보여서는 안 된다. 교육자는 그 너머로 어떤 행동으로도 영향을 끼칠 수 없는 변하지 않는 현실과 법칙, 표지와 진실이 그대로 비춰 보이는 투명한 벽이어야 한다. 이러면 존경심이 생긴다. 존경심은 자기 자신보다 더 큰 것을 인식하는 능력으로 우리를 성장하게 하고 겸손하고 자유롭게 해준다. 이것이 단순함을 위한 교육의 법칙이다.

이 법칙은 다음과 같은 말로 요약된다.

'자유롭고 남을 존중하는 사람,
자기 자신이면서 남을 아끼는
우애로운 사람으로 키우고 자라게 하라.'

집에서 시작하는 존중

이 원칙으로부터 몇 가지 구체적인 교육법을 끌어내 보자.

자녀가 미래이므로, 자녀를 경애심으로 과거와 연결해야 한다. 우리는 자녀에게 가장 강한 인상을 줄 수 있는 구체적인 형태로 전통이라는 옷을 입혀야 한다. 이 때문에 교육과 가정에서 나이 많은 어른, 기억, 더 나아가 집안의 역사가 특히 중요한 위치를 차지한다. 항상 우리 자신의 부모에게 공경을 표하는 것은 곧 자녀에 대한 의무를 다하는 일이다. 자기 부모가 나이 들고 노쇠하고 허약한 할아버지에게 항상 공경하는 태도를 보이는 것만큼 자녀에게 깊은 인상을 주고 겸손한 마음을 갖도록 하는 방법은 없다.

여기에는 거부할 수 없는 영원한 교훈이 담겨 있다. 이 교훈이 온전히 위력을 발휘하게 하려면 한 집안의 모든 어른 사이에 말 없는 합의가 이루어져야 한다. 아이의 눈에 어른은 모두 한뜻으로 움직이며, 서로를 존중하고 이해해야 한다. 그렇지 않으면 교육적인 권위가 훼손되고 만다.

이런 어른에는 하인들도 포함된다. 하인도 어른이므로, 아이가 하인을 함부로 대하든 자기 아버지나 할아버지를 함부로 대하든 똑같이 존경심이 훼손된다. 아이가 자기보다 나이든 사람에게 예의가 없거나 거만한 태도로 말하면 아이가 아이로서 벗어나면 절대로 안 될 길을 벗어난 것이다. 부모가 이를 지적하는 일을 소홀히 하면 조만간 자신들을 대하는 아이의 태도를 보면서 나쁜 적이 아이의 마음에 들어갔다는 사실을 깨달을 것이다.

아이가 존경하는 마음을 보이려 하지 않는 것이 당연하다고 믿으며, 어린 나이에 많이 보이게 마련인 불손한 태도를 이런 견해의 이유로 삼는 것은 옳지 않다. 존경심은 아이가 본래 지닌 욕구다. 아이의 도덕적 생명은 존경심을 먹고 자란다. 아이는 막연히 무언가를 존경하고 감탄하기를 강하게 원한다.

그런데 이런 열망을 활용하지 않으면 이 열망은 길을 잃고 오염된다. 우리 어른들이 일관성 있게 행동하지 못하고 서로 존중하지 못하면 아이의 눈에 우리가 내세우는 명분과 모든 훌륭한 것의 가치가 떨어진다. 우리는 아이에게 나쁜 마음을 주입하는 것이며, 그 영향은 뒤이어 우리에게 되돌아올 것이다.

이런 슬픈 진실은 다른 어디에서보다 우리가 만들어 낸 주인과 하인의 관계에서 분명히 드러난다. 우리가 지닌 사회적 결점, 그리고 단순함과 선함이 결여된 우리 마음 때문에 우리 아이들이 그 대가를 치른다. 자녀가 집 안에서 계급이 낮은 하인을 존중하는 마음을 잃는 것보다 많은 돈을 잃는 것이 더 낫다는 사실을 이해하는 부모는 거의 없을 것이다. 이것은 사실이다.

　사회적 관습과 거리, 각자 제자리를 지키고 위계질서를 유지하게 해주는 사회적 구별은 마음껏 유지해도 상관없다. 나는 이것이 좋은 일이라고 확신한다. 단, 우리를 시중드는 사람도 우리와 똑같은 사람이라는 사실을 절대 잊어서는 안 된다. 당신은 하인에게 당신을 대할 때 존경하는 말씨와 태도를 보이리고 강요한다. 그렇다면 당신이 하인에게 당신을 존경하라고 요구하는 만큼 당신도 하인의 인격적인 존엄을 존중하고 있다고 느끼도록 행동하는가? 자녀에게 그렇게 하라고 가르치는가?

　가정은 건강한 사회에 필요한 조건 중 하나인
　상호 존중을 실천하는 연습을
　언제라도 할 수 있는 훌륭한 교육 현장이다.

　유감스럽게도 우리는 이 기회를 거의 활용하지 않는다. 당신은 존경을 요구하지만 존경을 실천하지는 않는다. 그 결과, 하인은 당신을 위선적인 태도로만 대하고, 그래서 전혀 예상하지 못한 부수적인 결과가 따른다. 자녀에게 오만한 마음이 생기는 결과다. 남을 존중하는 마음의 부족과 오만함이라는 두 요소가 결합하면 당신이 지켜 주어야 할 자녀의 미래에는 큰 어려움이 닥친다. 당신의 습관과 행동에서 존경심이 줄어든 날, 당신은 엄청난 손실을 불러일으킨 것이다.

이렇게 말하지 못할 이유가 무엇인가? 우리 대부분은 세상에 존경심이 줄어들게 하는 것 같다. 사회계층 어디에서나 어린이에게 나쁜 마음, 서로 경멸하는 마음이 길러지도록 한다. 이곳에서는 못이 박힌 손과 노동복을 입은 사람은 누구든 멸시한다. 또 저기에 가면 작업복을 입지 않은 사람은 전부 무시한다. 이런 분위기에서 자란 아이들은 훗날 한심한 시민이 될 것이다.

이 모든 환경에는 단순함이 부족하다. 한 사회의 다양한 계층에서 선한 의지를 지닌 사람들이 서로를 갈라놓는 부수적인 거리에 방해받지 않고 협력하는 그런 단순함이.

계급을 차별하는 마음 때문에 존경심이 없어지는 것처럼 그 어떤 형태든 파벌을 가르는 마음도 존경심을 잃게 한다. 어떤 환경에서는 아이들이 오직 자기 고장만을, 부모와 스승이 따르는 정치적 견해만을, 자기가 주입받은 단 하나의 종교만을 숭배하도록 교육받는다. 진정 이런 식으로 고장과 종교, 법을 존중하는 사람을 양성할 수 있다고 믿는가? 우리와 직접적인 관계가 있는 것 또는 우리에게 속한 것만 존중하는 마음이 과연 좋을까?

자기만족에 빠져서 존경심을 가르치는 학습의 장이라고 자칭하며 자기들 이외에는 아무것도 존중하지 않는 패거리의 맹목성은 특이하다. 이들은 사실상 "우리야말로 조국이요 종교요 법"이라고 외치는 것이다. 이런 가르침은 광신을 낳는다. 광신이 유일한 반사회 요인은 아니지만 가장 강력하고 최악의 반사회 요인임은 틀림없다.

자녀에게 물려주어야 할 것

자연이 스스로 자연을 키우듯

단순한 마음이 존경심의 필수적인 조건이라면, 삶의 단순함은 존경심을 기르는 최고의 학교다.

재산이 많든 적든 당신의 자녀가 다른 사람보다 낫다고 믿게 하는 모든 것을 피하라. 형편이 넉넉해 아이를 부유하게 차려 입힐 수 있어도, 자녀의 허영심을 자극해 자녀가 입을 피해를 생각하라. 자녀가 만에 하나라도 멋있게 차려입는 것만으로 특별한 지위를 지닌다고 믿는 불행한 일이 생기지 않게 하고, 예복과 옷차림으로 자녀와 다른 사람 사이에 이미 존재하는 거리를 억지로 더 넓히지 말라. 아이들을 단출하게 입혀라.

이와 반대로 자녀에게 아름다운 옷을 입는 즐거움을 선사하기 위해 절약해야 하는 처지라면, 그런 희생정신은 다른 더 나은 기회에 발휘하라고 충고하고 싶다. 이런 희생에 대한 보답이 나쁠 위험이 있다. 더욱 필요한 것을 위해 절약하면 좋을 돈을 흩뿌리는 격이고, 그 결과 자녀가 고마움을 모르는 열매를 수확할 것이다. 아들딸을 자기 부모나 그들 자신의 처지를 넘어서는 생활에 익숙하게 하는 일이 얼마나 위험한지 모른다. 이렇게 하면 일단 경제적으로 크게 무리가 오고, 또 가족 간에 멸시하는 마음이 커진다.

당신이 자녀를 꼬마 귀족이나 되듯 차려 입히고 자기가 부모보다 우월하다고 믿게 해준다면, 자녀가 결국 당신을 멸시한다 해도 뭐가 놀랍겠는가. 그들은 당신에게 부양받으면서도 당신이 꾸리는 생활이 격에 떨어진다고 여길 것이다. 이렇게 기른 자녀는 기르는 데 돈이 무척 많이 들지만 아무런 가치가 없다.

그리고 어떤 특정한 방식으로 자녀를 양육하면 그 결과로 자녀가 부모와 환경, 자신이 자라 온 환경의 풍습과 노동을 멸시한다. 이런 교육은 재앙이다. 이런 교육으로는 자신의 뿌리, 근원, 인척 관계, 한마디로 한 사람을 처음으로 빚는 질료가 되는 모든 것으로부터 마음이 분리되는 불평분자를 허다히 길러 낼 뿐이다. 이런 교육을 받아 자신을 키워 준 듬직한 나무에서 떨어져 나온 사람은 길 잃은 야심에 이끌려 이 세상을 낙엽처럼 여기저기 굴러다니다 어느 한 곳에 모여 뒤엉켜 썩어 갈 것이다.

자연은 점프하고 건너뛰며
나아가는 것이 아니라,
느리고 확실한 변화를 거쳐 나아간다.

자녀에게 미래의 삶을 준비시킬 때 자연을 본받자. 발전과 진보를 위태로운 점프라는 과격한 훈련으로 혼동하지 말자. 우리 아이들이 부모에게 물려받은 단순한 노동과 단순함을 바라는 정신을 경멸하도록 양육하지 말자. 그리고 아이들이 혹시 자신의 힘으로 큰 재산을 가지면, 그들이 부모의 가난을 부끄럽게 여기려는 나쁜 유혹에 빠지지 말게 하자.

　　농부의 아들이 들판을 혐오하고, 뱃사람의 아들이 바다를 저버리고, 노동자의 딸이 부잣집 딸로 보이려고 선량한 부모와 멀리 떨어져 홀로 걷는 날, 그 사회는 병든 것이다. 반대로 사회 구성원 모두가 대체로 자기 부모가 하던 일을 하되 더 잘하며, 더 나아지기를 열망하면서 소박한 직무를 성실히 수행하는 것으로 만족한다면 그 사회는 건강하다.

진짜 교육은 교과서 밖에 있다

교육으로 자유로운 사람을 길러야 한다. 당신의 자녀를 자유를 위해 살게 키우려면 단순하게 양육하라. 그러면 자녀의 행복을 해칠 걱정은 없다. 오히려 그 반대다. 아이는 사치스런 장난감과 잔치, 지나치게 섬세한 즐거움을 많이 누리면 누릴수록 덜 즐거워한다. 이것이 말하는 바는 확실하다. 어린이를 기쁘고 즐겁게 하는 방식을 간결하게 하고, 특히 억지로 필요를 만들어 내는 경솔한 일을 하지 말라. 음식, 의복, 집, 놀 거리, 이 모든 것이 가능한 한 자연스럽고 복잡하지 않게 하라.

　어떤 부모는 아이들에게 삶을 기분 좋게 해준다며 맛있는 음식만 먹고 게으르게 지내는 습관을 들이게 하며, 온갖 잔치와 공연을 마련해서 아이가 나이에 걸맞지 않은 흥분을 느끼게 한다. 이 모든 것은 슬픈 선물이다. 당신은 자유로운 사람 대신 노예를 기르고 있다.

이런 아이는 사치에 너무 익숙해져서 지칠 것이다. 그리고 이런저런 이유로 더 이상 안락하게 지내지 못하면 불행해질 테고, 그러면 당신도 불행해질 것이다. 그러다가 심하면 당신과 자녀가 모두 삶의 중요한 순간에 순전히 비겁함 때문에 사람의 존엄과 진리, 의무를 선뜻 희생할지도 모른다.

그러므로 우리 자녀를 단순하게, 더 나아가 엄격하게 기르자. 아이들이 몸을 움직이는 일, 심지어 적당한 결핍에 얼마간 익숙해지게 하라. 자녀가 맛있는 음식과 편안한 침대만 찾기보다는 맨바닥에서 잘 수 있고 피로를 견디는 사람이 되게 하라. 그러면 아이는 독립적이고 견고하고 믿음직한 사람이 되고, 약간의 안락을 위해 자신을 팔아넘기는 사람이 되지 않을 것이며, 그런데도 그 누구보다 행복해지는 법을 깨달을 것이다.

삶이 너무 편하면 생명력이 무기력해진다.
매사에 흥미를 잃고 환멸을 느끼며
즐거움을 전혀 느끼지 못하는 애늙은이가 된다.

요즘 얼마나 많은 아이와 젊은이들이 그런가. 이들에게는 우리의 쇠약함과 회의적인 태도, 악덕, 우리와 함께 있으면서 익히는 나쁜 습관의 흔적이 침울한 곰팡이처럼 낀다. 이 시든 젊은 세대를 보면서 우리는 자신을 되돌아보아야 한다. 젊은 세대의 이마에는 얼마나 많은 경고가 새겨져 있는지.

이런 그늘을 보면서 우리는 행복이 진정으로 살아 있고 활기차며 경쾌하게 살면서 열정과 헛된 욕구, 병적인 흥분에 구속되지 않는 데 있음을 깨닫는다. 이는 대낮의 밝은 빛과 들이마시는 공기에 기뻐할 줄 아는 능력을 몸 안에 간직함으로써, 그리고 너그럽고 단순하고 아름다운 모든 것을 사랑하며 강렬하게 느끼는 능력을 마음에 간직함으로써 가능하다.

스스로 삶의 주인이 되는 길

허울뿐인 삶에서는 허울뿐인 생각과 확신 없는 말이 생겨난다. 건강한 습관, 강렬한 감각, 현실과 매일매일 접촉하면 자연스레 솔직한 말이 나온다. 거짓말은 노예의 악덕이요, 겁많고 나약한 사람의 은신처다. 자유롭고 확고한 사람은 누구나 솔직하다. 우리 아이들이 할 말은 기탄없이 하는 명랑한 꿋꿋함을 기르게 하자.

우리는 대체로 어떻게 하는가? 대다수가 옳다고 생각하는 획일적인 태도를 주입하기 위해 아이를 억누르고 품성을 평준화한다. 자신의 정신으로 생각하고, 자기 마음으로 느끼고, 진정한 나 자신을 표현하는 일은 얼마나 불편하고 촌스러운 일이냐고 하면서 말이다. 각자의 존재 이유가 되는 유일한 것을 끊임없이 억누르는 교육이란 얼마나 끔찍한지. 우리는 얼마나 많은 영혼을 살해하는 범죄를 저질렀는가. 어떤 영혼은 개머리판으로 때려죽였고, 다른 영혼은 솜털 이불로 눌러 서서히 질식시켰다.

우리는 그 누구에게도 독립적인 품성이 생기지 않게 힘을 합쳐 노력한다. 우리가 어릴 때 사람들은 우리를 그림이나 인형처럼 보길 원하고, 우리가 자라면 우리가 모든 사람과 똑같은 로봇이어야만 우리를 사랑한다. 이런 로봇은 하나만 보면 전부 다 본 것이나 마찬가지다. 이 때문에 우리에게 독창성과 자발성이 부족해지고, 평범하고 단조로움이 우리 삶의 특징이 된 것이다.

진리가 우리를 해방하리라.
그러므로 우리 아이들에게
자기 자신이 되는 법을,
갈라지지도 억눌리지도 않은
자신만의 목소리를 내는 법을 가르치자.

자녀가 충실해지기를 간절히 원하게 하고, 자녀가 심각한 잘못을 저질렀을 때 그들이 자기 잘못을 실토하면 당당히 자신이 한 나쁜 짓을 드러낸 것에 위안을 삼자.

아이를 경이로움으로 살찌게 해야

자녀를 교육할 때 솔직함과 더불어 천진함도 가르치자. 어린 시절의 동반자, 조금 거칠기는 하지만 상냥하고 친절한 천진함을 존중하자. 천진함이 겁먹어 도망치게 하지 말자. 만일 천진함이 어느 장소에서 도망쳤다 해도 절대로 되돌아오지 않는 일은 드물다. 천진함은 진리의 누이이자 각자가 지닌 고유한 품성의 지킴이일 뿐 아니라 진리를 밝게 비추는 강력한 교육적인 힘이기도 하다.

우리 주위에는 실증주의자라고 자칭하는 사람이 너무나 많다. 이들은 끔찍한 안경과 커다란 가위로 무장한 채 천진한 것들을 찾아내어 그 날개를 잘라 버린다. 이들은 삶과 생각, 교육에서 천진함을 없애고, 심지어 꿈의 영역까지 천진함을 없애려고 뒤쫓는다. 이들은 자녀를 사람답게 한답시고 아이를 어린이가 되지 못하게 한다. 열매가 가을에 무르익기 전에, 꽃과 향기와 새들의 노래와 봄철의 마법을 거치지 말아야 한다는 듯이.

나는 천진하고 단순한 모든 것, 곱실거리는 머리카락 주위로 떠도는 천진무구한 상냥함뿐 아니라 전설과 소박한 동요, 놀랍고 신비한 세계에 관한 이야기를 두둔하고 편든다.

아이에게 경이로운 것에 대한 감각은
무한을 느끼게 하는 최초의 형태다.
그런데 이 무한에 대한 감각이 없으면
사람은 날개 잃은 새와 같다.

아이가 세속적이고 물질적인 것보다 더 높아질 수 있도록, 그리고 시간이 지났을 때 이미 사라진 어린 시절의 이 경건하고 감동적인 상징의 가치를 귀하게 여길 수 있도록 아이에게서 경이로운 것을 빼앗지 말자. 이 상징들에서 사람의 진실은 메마른 논리가 결코 표현할 수 없는 방식으로 표현된다.

이제 실천만 남았다

나는 단순한 삶의 정신, 그리고 그것이 표현되는 방식에 대해 충분히 설명했고, 이로써 독자는 요즘 사람들에게 잊혀진 힘과 아름다움으로 가득한 세상을 엿볼 수 있었으리라 생각한다. 우리 삶을 가득 채워 번잡하게 하는 해롭고 불필요한 것들에서 벗어날 충분한 힘이 있는 사람은 이 아름다운 세상을 정복할 수 있을 것이다. 이들은 몇몇 허울뿐인 즐거움과 유치한 야망을 포기함으로써 행복해지는 능력과 정의를 향해 가는 힘이 늘어남을 깨달을 것이다.

개인의 삶뿐 아니라 공공의 삶도 마찬가지다. 남들 눈에 띄려는 병적인 열망을 억누르고, 욕망을 충족하는 것을 삶의 목적으로 삼기를 멈추고, 검소한 취향과 진정한 삶으로 돌아감으로써 우리는 가정을 견고하게 다질 수 있을 것이다. 그로써 우리 가정에 새로운 정신이 입김을 불어넣어 자녀를 교육하는 데 더 유익한 새로운 습관과 환경이 조성될 것이다. 그러면 우리 젊은이들은 더 높으면서도 실현 가능한 이상을 향해 나아간다고 느낄 것이다.

이런 내적인 변화는 장기적으로 공공의 정신에도 영향을 미친다. 벽의 견고함은 벽을 이루는 자갈, 그리고 자갈을 서로 들러붙게 하는 접착제의 점도에 달린 것처럼, 공공의 삶이 활력을 띠는 정도는 시민 개개인이 띤 가치와 그들이 응집하는 힘에 달렸다.

우리 시대에 절실히 요구되는 일은 사회의 구성 요소인 개인을 양성하는 일이다. 현재 사회 조직의 모든 것이 이 개인이라는 구성 요소로 집중하게 한다. 개인을 무시하면 진보로 이룬 혜택을 누리지 못하고, 심지어 가장 끈질기게 들인 노력이 도리어 우리에게 해를 입힐지 모른다.

장비는 계속해서 더욱 정교해지는데 노동자의 가치가 떨어진다면, 그 사람이 가진 기계가 무슨 소용이란 말인가. 분별없이 과도하게, 또는 잘 모르고 도구를 작동하는 사람의 잘못으로 도구의 품질은 점점 나빠지기만 할 것이다. 오늘날 거대한 기계 장치는 무척 섬세하다. 나쁜 의도와 무능함 또는 부패 때문에 과거에 덜 발달된 사회 조직에서 생기는 것보다 더 무서운 혼란이 생길 수 있다.

그러므로 우리는 이 기계를 작동하는 임무를 맡은 사람의 자질을 잘 살피고 감시해야 한다. 이 개인이 견고하면서 동시에 사교적이고 친절하도록, 삶에서 가장 중요한 법칙에 따라 살아가도록, 즉 자기 자신이면서 남들에게 우애를 베푸는 사람이도록 말이다.

이 법칙의 영향을 받으면 우리 안과 밖의 모든 것이 단순해지고 서로 결합한다. 이 법칙은 모든 사람에게 똑같이 적용되므로, 모든 사람이 이 법칙에 따라 행동하게 해야 한다. 우리의 가장 중요한 이해관계는 서로 대치되지 않고 같기 때문이다. 따라서 단순함의 정신을 기르면 공공의 삶이 더욱 단단하게 결속될 것이다.

공공의 삶이 변질되고 해체되는 현상은 모두 한 가지 이유때문이다. 견고함과 응집력이 부족해서다. 계급과 파벌의 사소한 이해관계, 편협한 지방 근성, 개인적인 안락함을 고집스레 추구하는 일이 사회 공동의 선을 얼마나 거스르는지, 그리고 그 치명적인 결과로 개인의 행복을 얼마나 파괴하는지는 아무리 강조해도 지나치지 않다. 모두가 자신의 안락함만 돌보는 사회는 무질서에 처한다. 양보 없는 이기주의로 생긴 충돌에서는 다른 것이 나올 수 없다.

우리는 가족을 영예롭게 높이기 위해서가 아니라, 가족으로부터 이득을 얻기를 바라며 가족을 내세우는 사람을 많이 닮았다. 모든 사회계층에서 우리는 요구하기만 한다. 받아 낼 빚이 있다고 주장하면서 아무도 스스로 빚을 졌다고는 인정하지 않는다. 우리가 같은 사회의 시민들과 맺는 관계란 상냥하거나 거만한 어조로 우리에게 진 빚을 갚으라고 요구하는 것뿐이다. 이런 마음으로는 온전한 삶에 이를 수 없다. 이는 함께 살아가는 법칙의 영원한 적, 우애로운 상호 이해로 가는 길의 끊임없는 걸림돌인 특권 의식이기 때문이다.

프랑스의 언어학자이자 철학자인 르낭(1923~1892)은 1882년에 한 강연에서 국가는 "영적인 가족"이라고 말하면서 이렇게 덧붙였다.

"국가의 본질은 모든 개인이 많은 것을 공유하는 동시에 또한 모두가 많은 것을 잊었다는 데 있다."

과거뿐 아니라 매일매일 삶에서 무엇을 잊고 또 무엇을 기억해야 하는지를 아는 것이 중요하다. 우리를 서로 갈라놓는 것들이 우리 기억을 가득 채우지만, 우리를 서로 결합하는 것들은 기억에서 지워진다.

우리는 사회의 저명인사, 농부, 사업가, 문인, 공무원, 노동자, 중산층 자본가 또는 정치나 종교 당파의 구성원으로서 자신이 지닌 부차적인 특질을 기억의 가장 밝은 곳에 두고 여기에 날카롭고 예민하게 신경쓴다. 그러나 자신의 가장 중요한 특질, 즉 자신이 어느 고장 출신이며 한 명의 사람이라는 사실은 그늘 속에 처박아 둔다. 우리는 우리를 다른 사람들과 분리하는 것에만 계속 신경을 쓰면서 이에 따라 행동하고, 마음속에 한 국민으로서 결속하는 마음을 위한 자리는 거의 남아 있지 않다.

그 결과, 우리는 또다시 계속해서 다른 사람의 마음에 나쁜 기억을 심는다. 배타적이고 거만한 개인주의 정신에 사로잡힌 사람들은 매일 서로 부딪친다. 이들은 만날 때마다 서로 분열하고 대립한다는 느낌을 받는다. 이런 식으로 그들의 기억에는 서서히 서로를 향한 나쁜 마음과 경계심, 원한이 축적된다. 이 모든 것은 우리에게 나쁜 영향을 미친다.

이런 마음을 우리 환경에서 제거해야 한다.

"기억해, 그리고 잊어버려!"

사람들과 관계를 맺고 일하기 전에 매일 아침 이 말을 되새겨야 할 것이다. 핵심적인 것은 기억하고, 부차적인 것은 잊어버리자. 가장 비천한 사람과 가장 신분 높은 사람이 모두 이런 마음을 지닌다면 시민으로서 의무를 얼마나 잘 해낼 수 있을까. 친절한 행동을 뿌려 상대방의 마음에 얼마나 좋은 기억을 심을 수 있을까. 그러면 의식하지도 못한 채 마음에 증오를 품고 "이건 절대로 잊지 않을 테다"라고 말할 수밖에 없는 상황이 벌어지지는 않을 것이다.

단순함의 정신은 대단한 마법사다. 거친 면을 매끄럽게 다듬어 주고, 파인 곳과 수렁 위에 다리를 놓아 사람들의 손과 마음을 가깝게 해준다. 단순함의 정신이 이 세상에서 취하는 모습은 무수하다. 그러나 이 정신은 상황과 이해관계, 편견 때문에 생긴 파멸의 장벽을 넘어 최악의 장애물을 이겨내고, 서로 반목할 수밖에 없어 보이는 사람들이 서로 이해하고 높이 평가하고 사랑하게 할 때 가장 큰 감탄을 자아낸다. 이 단순함의 정신이야말로 사회의 접착제이고, 이 접착제로 자신을 온전히 살게 하고 모두를 일으켜 세울 수 있다.

이제, 당신과 우리 모두의 실천만 남았다.